法官如何庭审

庭审的驾驭技能与处置方法

陈增宝／著

人民法院出版社

图书在版编目（CIP）数据

法官如何庭审 ：庭审的驾驭技能与处置方法 / 陈增宝著. -- 北京 ：人民法院出版社，2023.9
（法官办案经验与技能丛书）
ISBN 978-7-5109-3893-1

Ⅰ. ①法… Ⅱ. ①陈… Ⅲ. ①法官－审判－中国
Ⅳ. ①D926.17

中国国家版本馆CIP数据核字(2023)第167186号

法官如何庭审：庭审的驾驭技能与处置方法

陈增宝　著

责任编辑　王　婷　李　瑞
封面设计　东合社·安宁
出版发行　人民法院出版社
地　　址　北京市东城区东交民巷27号（100745）
电　　话　（010）67550617（责任编辑）　67550558（发行部查询）
　　　　　65223677（读者服务部）
客服QQ　2092078039
网　　址　http://www.courtbook.com.cn
E-mail　courtpress@sohu.com
印　　刷　三河市国英印务有限公司
经　　销　新华书店

开　　本　787毫米×1092毫米　1/16
字　　数　228千字
印　　张　19.5
版　　次　2023年9月第1版　2024年11月第3次印刷
书　　号　ISBN 978-7-5109-3893-1
定　　价　75.00元

作者简介

陈增宝　浙江三门人，现为杭州互联网法院院长，国家法官学院浙江分院兼职教授、最高人民法院西部讲师团成员、浙江省“七五”普法讲师团成员，最高人民法院刑事审判第一、二、三、四、五庭主办刊物《刑事审判参考》特邀编辑，历任浙江高院刑二庭副庭长、杭州萧山区法院副院长（挂职）、浙江高院研究室主任、审判委员会委员、审判管理处处长等职务，长期从事经济犯罪和职务犯罪审判工作，2012 年被授予首届全省审判业务专家称号，2014 年被最高人民法院评为第三届全国审判业务专家，2015 年入选全国法院“司法人才库”。先后在《人民司法》《法律适用》《中国刑事法杂志》《人民检察》《法学杂志》《浙江社会科学》《法治研究》《党政视野》《刑事审判参考》《经济犯罪审判指导》《法理学论丛》《刑事法判解研究》《人民法院报》《检察日报》《法治日报》《浙江日报》等刊物发表法学专业论文 100 余篇，其中法律核心期刊 20 余篇，有的论文被《新华文摘》《法学文摘》等刊物摘编、转载，获奖多篇，参与最高人民法院、浙江省高级人民法院、浙江社会科学规划重点调研课题多项。已出版专著：《裁判的形成——法官断案的心理机制》（法律出版社 2007 年版）、《法官心理与司法技巧》（中国法制出版社 2012 年版）、《经济犯罪疑难问题司法认定与要案判解》（法律出版社 2019 年版）。参著：《经济犯罪疑案评析》《刑事判案评述》《刑法发展新思域》等。

目录
Contents

第四讲　庭审的准备与预案
——充分的庭前准备是庭审成功的前提

引　论
以审判为中心的诉讼制度
——从卷宗主义到庭审中心主义

党的十八大以来，习近平总书记多次强调，“要努力让人民群众在每一个司法案件中感受到公平正义，所有司法机关都要紧紧围绕这个目标来改进工作，重点解决影响司法公正和制约司法能力的深层次问题。”这一重要论述为人民法院各项工作的高质量发展提供了根本遵循，指明了努力方向。2023年7月13日，最高人民法院院长张军出席全国大法官研讨班时强调指出，“审判理念现代化的根本，是把习近平法治思想作为‘纲’和‘魂’自觉融入审判执行工作全过程各方面”，“把实质性化解矛盾、解决问题作为司法审判的目标导向，以‘如我在诉’的意识，在每一个审判环节都把服判息诉的功课做到极致。”这些部署要求，充分彰显了习近平法治思想的立场、观点和方法，明确了新时代新征程推进审判工作现代化的工作思路和重点要求，必须高站位领会、高标准全方位抓好贯彻落实。而且这是控辩审三方集中展示法律智慧、实现公平正义的重要场所，法官对刑事庭审的驾驭技能和处置方法应当成为当前需要重点研究并加以解决的重大课题。

刑事司法是集中检验一个国家法治发展程度和人权保障水平的重要领域，事关生杀予夺，关系到国家安全和社会稳定，关系到人民群众社会价值判断和对公平正义的期盼。长期以来，我国刑事诉讼法对司法职权的配置基本上遵循一种首尾相连的“流水作业式”的划分模式，奉行“卷宗主义”。但是，随着司法体制改革尤其是以审判为中心的诉讼制度改革的大力推进，我国刑事诉讼模式已呈现出从卷宗主义向庭审中心主义的重大转型。

推进以审判为中心的诉讼制度改革，关键在于全面理解和把握“以审判为中心”的科学内涵，大力推进庭审实质化，使庭审成为解决案件问题的主要场所。

一、作为传统审判模式的卷宗主义

所谓卷宗主义，也称案卷中心主义或者案卷笔录主义，属于传统法庭审判模式的一种，与它相对而言的是庭审中心主义下的直接言辞主义，在这一审判方式下，公诉方通过宣读案卷笔录来主导和控制法庭调查过程，法庭通过对案卷笔录的审查和确认程序而得出审判结果。所谓卷宗、笔录，是指侦查机关、检察机关、审判机关在办案活动中将有关当下案件所有信息以书面文本、笔录的形式装订成书面材料。这些信息包括法律文书、证据的原件或复印件、照片、有关办案活动的记录、讯问笔录、询问笔录等案件材料，是各种证据材料的载体及相关法律文书的载体。传统的卷宗主义审判模式，最大的特点就是使用大量的书面证言、讯问笔录，使证人、鉴定人、侦查人员不出庭作证成为司法常态。

二、“以审判为中心”的诉讼制度改革

2014 年，党的十八届四中全会公布《中共中央关于全面推进依法治国若干重大问题的决定》，其中指出，“推进以审判为中心的诉讼制度改革”，其目的就是改革现行线型诉讼构造，努力形成控、辩、审“三角形”的诉讼结构，切实发挥审判程序应有的制约、把关作用，确保侦查、审查起诉的案件事实证据经得起法律的检验。这对于防范冤

假错案，加强司法人权保障，维护刑事司法公正，无疑具有十分重大的现实意义。2016 年 6 月 27 日，习近平总书记主持召开中央深改组第 25 次会议审议通过《关于推进以审判为中心的刑事诉讼制度改革的意见》，充分体现了以习近平同志为核心的党中央对这项改革的高度重视，为全面推进改革提供了坚强有力的政治保证。为贯彻落实《中共中央关于全面推进依法治国若干重大问题的决定》的有关要求，最高人民法院、最高人民检察院、公安部、国家安全部、司法部于 2016 年年 7 月 20 日联合印发了《关于推进以审判为中心的刑事诉讼制度改革的意见》(法发〔2016〕18 号)，提出了二十一条改革意见。其中，明确提出：

1. 未经人民法院依法判决，对任何人都不得确定有罪。人民法院、人民检察院和公安机关办理刑事案件，应当分工负责，互相配合，互相制约，保证准确、及时地查明犯罪事实，正确应用法律，惩罚犯罪分子，保障无罪的人不受刑事追究。

2. 严格按照法律规定的证据裁判要求，没有证据不得认定犯罪事实。侦查机关侦查终结，人民检察院提起公诉，人民法院作出有罪判决，都应当做到犯罪事实清楚，证据确实、充分。侦查机关、人民检察院应当按照裁判的要求和标准收集、固定、审查、运用证据，人民法院应当按照法定程序认定证据，依法作出裁判。人民法院作出有罪判决，对于证明犯罪构成要件的事实，应当综合全案证据排除合理怀疑，对于量刑证据存疑的，应当作出有利于被告人的认定。

3. 建立健全符合裁判要求、适应各类案件特点的证据收集指引。探索建立命案等重大案件检查、搜查、辨认、指认等过程录音录像制度。完善技术侦查证据的移送、审查、法庭调查和使用规则以及庭外核实程序。统一司法鉴定标准和程序。完善见证人制度。

4. 完善庭前会议程序。对适用普通程序审理的案件，健全庭前证据展示制度，听取出庭证人名单、非法证据排除等方面的意见。

5. 规范法庭调查程序，确保诉讼证据出示在法庭、案件事实查明在法庭。证明被告人有罪或者无罪、罪轻或者罪重的证据，都应当在法庭上出示，依法保障控辩双方的质证权利。对定罪量刑的证据，控辩双方存在争议的，应当单独质证；对庭前会议中控辩双方没有异议的证据，可以简化举证、质证。

6. 完善对证人、鉴定人的法庭质证规则。落实证人、鉴定人、侦查人员出庭作证制度，提高出庭作证率。公诉人、当事人或者辩护人、诉讼代理人对证人证言有异议，人民法院认为该证人证言对案件定罪量刑有重大影响的，证人应当出庭作证。健全证人保护工作机制，对因作证面临人身安全等危险的人员依法采取保护措施。建立证人、鉴定人等作证补助专项经费划拨机制。完善强制证人到庭制度。

7. 完善法庭辩论规则，确保控辩双方意见发表在法庭。法庭辩论应当围绕定罪、量刑分别进行，对被告人认罪的案件，主要围绕量刑进行。法庭应当充分听取控辩双方意见，依法保障被告人及其辩护人的辩论辩护权。

8. 健全当事人、辩护人和其他诉讼参与人的权利保障制度。依法保障当事人和其他诉讼参与人的知情权、陈述权、辩论辩护权、申请权、申诉权。犯罪嫌疑人、被告人有权获得辩护，人民法院、人民检察院、公安机关、国家安全机关有义务保证犯罪嫌疑人、被告人获得辩护。依法保障辩护人会见、阅卷、收集证据和发问、质证、辩论辩护等权利，完善便利辩护人参与诉讼的工作机制。

9. 当事人、诉讼参与人和旁听人员在庭审活动中应当服从审判长或独任审判员的指挥，遵守法庭纪律。对扰乱法庭秩序、危及法庭安全等违法行为，应当依法处理；构成犯罪的，依法追究刑事责任。

之后，最高人民法院积极贯彻党中央、中央政法委的工作部署和《关于推进以审判为中心的刑事诉讼制度改革的意见》要求，于2017年2月21日发布了《关于全面推进以审判为中心的刑事诉讼制度改革的实施意见》（以下简称《实施意见》），为这项改革的推进提供了更详细的具体指引。《实施意见》主要从五个方面作出细化，提出了更为具体的贯彻落实意见：

（一）坚持严格司法原则，树立依法裁判理念

强调坚持证据裁判、非法证据排除、疑罪从无、程序公正等五大原则，发挥庭审在查明事实、认定证据、保护诉权、公正裁判中的决定性作用，确保诉讼证据出示在法庭、案件事实查明在法庭、诉辩意见发表在法庭、裁判结果形成在法庭。

（二）规范庭前准备程序，确保法庭集中审理

对庭前会议的召集、主持、证据展示和意见听取，对管辖、回避、出庭证人名单等事项提出申请或者异议的处理，对庭前会议笔录和庭前会议报告的制作、庭前会议与庭审的衔接等内容作出明确。

（三）规范普通审理程序，确保依法公正审判

对证据的当庭出示、质证、证人、鉴定人出庭作证及其保障措施、庭审发问、质证和辩论的权利保障、量刑建议和意见的听取、裁判文

书的说理等问题作出规定，强调对影响定罪量刑的关键证据和控辩双方存在争议的证据，一般应当单独质证；证据未经当庭出示、辨认、质证等法庭调查程序查证属实，不得作为定案的根据；证人没有正当理由不出庭作证的，人民法院在必要时可以强制证人到庭，根据案件情况，可以实行远程视频作证；证人、鉴定人、被害人因出庭作证，本人或者其近亲属的人身安全面临危险的，人民法院应当采取不公开其真实姓名、住址、工作单位和联系方式等个人信息，或者不暴露其外貌、真实声音等保护措施；法庭应当依法保障控辩双方在庭审中的发问、质证、辩论等诉讼权利；法庭可以在审理过程中归纳控辩双方的争议焦点，引导控辩双方针对影响定罪量刑的实质性问题进行辩论；对控辩双方的发言与案件无关、重复或者扰乱法庭秩序等情形，法庭应当予以提醒、制止；法庭应当充分听取控辩双方的量刑建议和意见，根据查明的事实、情节，参照量刑指导意见规范量刑，保证量刑公正。

（四）完善证据认定规则，切实防范冤假错案

强调采取刑讯逼供、暴力、威胁等非法方法收集的言词证据，应当予以排除；收集物证、书证不符合法定程序，可能严重影响司法公正，不能补正或者作出合理解释的，对有关证据应当予以排除；法庭对证据收集的合法性进行调查的，应当重视对讯问过程录音录像的审查；现有证据材料不能证明证据收集合法性的，人民法院可以通知有关侦查人员出庭说明情况；通过勘验、检查、搜查等方式收集的物证、书证等证据，未通过辨认、鉴定等方式确定其与案件事实的关联的，不得作为定案的根据；收集证据的程序、方式存在瑕疵，严重影响证据真实性，不能补正或者作出合理解释的，有关证据不得作为定案的

根据。

（五）完善繁简分流机制，优化司法资源配置

对推进速裁程序改革、认罪认罚从宽制度改革等提出要求，明确适用速裁程序审理的案件，应当当庭宣判；适用简易程序审理的案件，一般应当当庭宣判；适用普通程序审理的案件，逐步提高当庭宣判率。①

三、以庭审为中心的科学内涵：使庭审成为解决案件问题的主要场所

推进以审判为中心的刑事诉讼制度改革，是中央十八届四中全会作出的重大决策，是坚持严格司法、确保刑事司法公正的现实需要，是完善人权司法保障的必然要求，体现了中央对司法性质和规律的科学认识和准确把握。根据上述文件精神，关键在于全面理解和把握“以审判为中心”的科学内涵，大力推进庭审实质化，使庭审成为解决案件主要问题的场所。《中共中央关于全面推进依法治国若干重大问题的决定》明确提出，要全面贯彻证据裁判规则，严格依法收集、固定、保存、审查、运用证据，完善证人、鉴定人出庭制度，保证庭审在查明事实、认定证据、保护诉权、公正裁判中发挥决定性作用。这一重要论述既指明了当前刑事诉讼制度改革的根本方向，也明确了改革的目标、任务、措施。

---

① 参见《最高人民法院关于全面推进以审判为中心的刑事诉讼制度改革的实施意见》（法发〔2017〕5号，2017年2月17日）。

（一）首要含义是以审判程序为中心

司法的最终裁判性质，要求在刑事诉讼中必须坚持以审判程序为中心，发挥好法庭审判的应有功能和作用。这就意味着法院、公安、检察、辩护律师等要形成整体合力，共同为案件的解决提供法律答案。

（二）核心含义是以庭审为中心

这就意味着要贯彻中立裁判、直接言词、公开审判、集中审理等现代刑事诉讼原则，充分体现控辩平等，充分发挥庭审的功能作用，使诉讼各方能够围绕定罪和量刑问题，充分提出证据、发表意见，充分进行交叉询问、辩论，充分发挥举证、质证、认证各环节的作用，充分尊重和保障辩护律师依法履职的权利，实现“事实证据调查在法庭，定罪量刑辩论在法庭，判决结果形成于法庭”，努力让庭审成为诉讼参与人参与诉讼活动、行使诉讼权利的主要场所；做到诉讼资源向庭审集中，办案时间向庭审倾斜，定案标准向法庭看齐，让司法公正看得见、摸得着、可预测。相对于传统的卷宗中心主义而言，强调以庭审为中心，其本质要求是追求庭审的实质化，力戒庭审形式主义和庭审虚无主义，防止将侦查、起诉中带有明显倾向性的意见不加甄别地转化为人民法院对被告人的有罪判决。

（三）落脚点是全面贯彻证据裁判规则

以审判为中心的落脚点在于全面贯彻证据裁判规则，落实罪刑法定、疑罪从无、非法证据排除等法律原则和制度，从而为防范冤错案件提供更为强大的法律程序和制度保障。

实践中，推进以审判为中心的诉讼制度改革，必须坚持目标导向和问题导向相统一，强化短板意识，在有效实现个案公正上下功夫。

鉴于目前非法取证特别是刑讯逼供问题尚有现实发生的可能性，因此，需要加强法律监督制约，完善司法权力制约监督体系和考核奖惩机制，消除非法证据产生的原因，同时，要注重强化证据的审查判断意识，确保非法证据得到有效排除。针对被告人主体地位虚弱、控辩不平衡等问题，要重视和发挥辩护律师的职能作用，进一步扩大刑事法律援助的范围，提高关键证人出庭率、鉴定人出庭率；要积极开展认罪认罚从宽制度改革和轻微刑事案件速裁程序改革，实现繁简分流，确保难案精审；要紧盯疑难复杂个案中存在的证据问题不放，严把案件质量关。实践证明，坚持不懈地转理念强意识补短板，坚守证据底线，往往会收到良好的审理效果。如浙江省杭州中院审理的被告人胡某权等人将被害人张某装入铁笼后沉入水库案，在开庭审理前公安机关经多次打捞，都没有找到被害人尸体，被告人及辩护人因此在法庭上均否认将被害人抛入水库的事实。一审法院坚持以审判为中心的理念，切实贯彻依证据裁判原则，建议公诉机关、侦查机关重启尸体搜寻、打捞工作。侦查机关在花费很大成本的情况下，最终打捞出被害人尸体和铁笼，使得定案证据确实、充分。该案的处理，对于当前推进以审判为中心的诉讼制度改革，强化司法人权保障等方面具有典型示范意义。[①]

鉴于长期以来庭审功能虚化的实际，还必须以证人出庭作证为突破口，逐步限制书面证言的使用范围，切断法官事先形成预断的证据来源，实现“事实证据调查在法庭、定罪量刑辩论在法庭、裁判结果

① 参见陈增宝：《以审判为中心 防范冤错案件》，载《人民法院报》2016年4月12日。

形成于法庭”，切实发挥审判程序对侦查、起诉的制约和把关作用。针对证人安全、补偿保障机制不够健全、打击报复证人时有发生等现实问题，必须着力构建多层次的证人保护措施，成立专门的证人保护机构，加大对妨碍作证行为的打击力度，完善证人补偿奖惩机制。针对因作证意识淡薄而拒不到庭等问题，必须着力协调接受惩罚、承担义务与享受权利之间的平衡，进一步规范证人强制出庭的条件，慎用证人强制出庭的措施，尽量通过说服教育解决问题。司法人员也要注重提高自身素质和业务水平，加强庭审中询问、质证能力的培养，不断唤起证人主动作证的良知和责任意识，让证人感知诚实作证的神圣价值和庄严意义，消除恐惧心理和后顾之忧。

四、法官如何庭审：一个值得研究的司法话题

随着司法体制改革的推进，从卷宗主义向审判中心主义转型的过程中，庭审的功能与价值必将逐步凸显，法庭必然成为控、辩、审集中展示法律智慧、实现公平正义的舞台。在庭审中心主义的改革实践背景下，全面、系统、深入地研究“法官如何庭审”，总结提炼刑事庭审的驾驭技能与处置方法，无疑具有十分重大的理论价值与实践意义。

本书尝试在对作为法官审判案件决定性环节的庭审品性与构成进行论述的基础上，围绕庭审的功能与价值、庭审的结构与原则、庭审的准备与预案、庭审的技巧与方法、庭审的礼仪与语言、庭审能力的培养等问题进行经验提炼和理论建构，重点对庭审中法官的诉讼角色与行为规范、庭前准备与庭审预案的拟制、庭审驾驭的基本内容与具

体方式、各种突发情景及其处置方法、法官的庭审形象与语言艺术、庭审参考用语、典型案件的审理要素与方法等进行了充分探讨，以期对司法实践有所裨益。

第一讲

庭审的品性与构成

——法庭是维护社会公平正义的舞台

庭审即法庭审判，是一个“具有法的范式和象征意义的法空间”。“在这个空间中，有法律程序的展开，控辩活动的推进，以及不同诉讼角色的扮演，而其围绕的中心，是法官对案件实体的心证形成。”现代意义上的审判就是原告与被告在公开的法庭上各自提出自己的主张和证据进行争辩，法官站在第三者的位置上，基于国家权力对该争执作出裁判的程序。因此，庭审是法官裁判案件最基本最重要的活动，法庭才是法官维护社会公平正义的真正舞台。

司法实践中的庭审系统不仅作为一个功能实体而存在，还可作为一种运动而存在。

在庭审要素互动过程中，参与庭审活动的各方“运动员”为追求公平正义的有效实现而展开进攻与防守，法官则扮演中立裁判者的角色。

专题一 作为剧场的庭审

英国法律史学家梅特兰（Frederic William Maitland，1850～1906）曾深刻地指出："只要法律是不成文的，它就必定被戏剧化和表演。正义必须呈现出生动形象的外表，否则人们就看不见它。"其实，从我们日常经历的无数次庭审实践情况来看，即使法律是成文的，庭审的剧场性也难以避免。庭审的剧场性与其承载的多重功能和意义密切相关。庭审首先作为一个国家法治宏大建筑的拱顶，是对社会生活具体介入的集中表现形式，所处理的事项纠结着社会方方面面各种复杂的关系和利益，直接代表着法的品格和形象，是彰显公平正义的舞台；而庭审过程必须在应对这些复杂的社会问题和矛盾中既能有效地平衡各种关系和利益，促成社会秩序的稳定，又能始终保持其不偏不倚、秉公持正的品格，[①] 呈现出多重角色参与之下的复杂性。庭审的剧场性主要体现在以下几个方面：

一、庭审作为法律物理空间而存在

司法实践中，几乎每个法院都有大、中、小三种审判法庭，适用

---

① 参见舒国滢：《从"司法的广场化"到"司法的剧场化"——一个符号学的视角》，载《政法论坛》1999 年第 3 期。

于刑事、民事、行政案件审理的法庭可能在细节上有其自身独特的设计安排，但总体上却都呈现出法官居中、两造双方各居一侧的基本布局，被称为“坐堂问案”。这种物理上的法庭布局为庭审的顺利进行提供了必要的场所，具有场所的物理特征。延伸去思考，不难发现，法庭建筑空间的“场内”和“场外”之分，也蕴含着法庭审判应有的秩序意义，意味着无论场内、场外的人都必须遵守法庭规则，依照次序进出剧场，按照规定的方式选择各自的“座位”，不得在剧场内随意地喧哗，或作出其他违反法庭秩序的行为。

二、庭审作为追求和实现公平正义的法律舞台而存在

这个以“法律”为符号意象的人造建筑空间，作为“正义”的化身，其自我表达的结构、程序和语言以及按照程式所进行的活动等具有特殊的隐喻性质。它们表现在：中间是法官、人民陪审员、书记员，原告与被告坐在他们两侧。三者既与观众保持一种直观，又自成一体。高低海拔的不同形成了一个中文的“山”字形。这种空间排列暗示着，他们是一体的，在庭审过程中不可欠缺他们任何一方。但是，他们在庭审过程中又居于不同的位置，发挥着不同的作用。原被告利用座前的告示牌表明自身在这场即将上演的戏剧中即将扮演的角色，即将背负的爱憎，表明了自身展示肉体来承担法律的合作态度。审判方承接着国徽的光辉，居于正中，宽大的法袍取消了普通着装分明的线条感，而代之以浑然的黑色，浑然的包容性与力度；法警有规则地分布于各个角落，阻断了庭上三方与台下观众，庭内与庭外非常规的危险接触，

也通过这种局势上的潜在的控制力展现着庭审力量的强制性和权威性。

三、庭审充满仪式感，能够激发人们对法律的信仰和尊敬

司法活动在剧场般的建筑空间内进行，将法律与建筑的审美特性融为一体，使法律原则和规则的刚健质朴和简洁对称的风格凝固成建筑的雕塑形态，这无疑会增强法律的庄严肃穆之美，从而内化人们的法律精神，召唤人们对法律的信仰和尊敬。[①]

① 参见舒国滢:《从“司法的广场化”到“司法的剧场化”——一个符号学的视角》，载《政法论坛》1999年第3期。

专题二　庭审过程的动态性

庭审是司法过程的焦点，参与者众多、权力关系复杂、各方利益冲突明显，这使得庭审过程的动态性强，特点复杂，涉及因素广，研究空间大。庭审过程的动态性，主要体现在以下几个方面：

一、庭审过程的系统性

作为一个运动着的系统有机体，庭审的稳定状态是相对的，而运动状态则是绝对的。也就是说，司法实践中的庭审系统不仅作为一个功能实体而存在，还可作为一种运动而存在。按照系统理论，庭审系统内部的各要素之相互联系就是一种运动，庭审系统与庭审环境的相互作用也是一种运动。在庭审要素互动过程中，参与庭审活动的各方“运动员”为追求公平正义的有效实现而展开进攻与防守，法官则扮演中立裁判者的角色。以刑事案件庭审为例，控辩双方围绕案件事实、证据以及定性量刑等问题展开举证、质证以及法庭辩论等活动，而合议庭法官则通过观察、听审等活动获取案件决策所需的事实信息，可见控辩审之间的角色扮演在互动中构成一个完整的庭审系统，始终处于运动的状态。

二、庭审主体之间的互动性

庭审活动是各方主体共同参与、共同推进的结果，是人与人的交往和互动过程。随着庭审的深入推进，各方主体必须通过听、讲甚至身体语言等方式参与其中，并对对方的发言等庭审表现作出回应。在庭审过程中，控、辩、审之间的互动性较为明显。比如，经常遇到的实践情况是，在故意杀人等致人死亡的刑事案件审理过程中，如果被告人的辩护人在展开辩护之前不先对被害人表示“哀悼”或对被害人亲属策略性地表达一些安抚性的内容，而是一上来就替被告人辩护，且言词又比较激烈，说一些“被害人在起因上有过错”之类的话语，就极有可能刺激被害人亲属的神经，引发被害人亲属不满情绪，甚至当庭抗议或发生冲突，导致正常的庭审秩序受到破坏，或难以维持。

三、庭审信息处理的即时性和语境依赖性

庭审活动自始至终围绕着各方的思想交流而进行，法官也为挖掘足够的信息而参与法庭的询问、讯问。有关研究表明，在以辩论为主要特点的法庭交互过程中，各方参与人都有确定的态度指向，包括共同追究、单方追究、共同放弃、单方放弃、共同回避和单方回避，直接影响着法庭交互的方向、内容和质量。而各方态度指向的具体实现取决于对法庭信息的即时处理。交互中的态度指向、社会关系、信息处理策略、信息处理手段等是信息处理分析模式的主要构成部分。由于法庭本身的开放性、语言的即时性、内容理解的语境依赖性等特点，

使得庭审过程充满不确定性。“在这一即席性与动态性的法庭话语中，人作为社会过程的主体有不同程度的意图、欲望、利益和目的，会呈现不同的价值判断。法官在整个法庭审判中居于核心地位，是法庭审判中各种关系的轴心”；“在整个动态过程中，法官既实现了程序公正的身份建构，又实现了实体公正的身份建构。”①

① 参见郭飞：《基于协商系统视角的庭审语篇中法官身份建构》，载《齐齐哈尔大学学报（哲学社会科学版）》2016年第2期。

专题三　庭审活动的基本构成

一、庭前准备阶段

“凡事预则立，不预则废。”充分的庭前准备是庭审成功的前提。刑事、民事等不同性质案件的庭前准备内容有所区别，但也有很多共通之处。对刑事法官来说，庭前准备阶段的主要任务有以下几点：

（一）全面熟悉案情

包括：（1）仔细阅卷，形成“阅卷意见”；（2）审查被告人的羁押情况，了解被告人的受审能力；（3）了解当事人及其亲属的反应，预测庭审旁听情况等。在庭前准备时，只有认真研读案卷材料，充分掌握各方当事人的诉求和心态，同时对可能发生的情况进行预判，尽可能把出现的情况都预先考虑到，必要的时候提前和主管领导以及法警部门协商，提前制定处置预案，才能确保庭审的安全和秩序，做到万无一失。[①]

（二）拟制庭审提纲

庭审提纲需要涵盖或明确的内容至少包括：（1）案件的审理范围；

---

① 《刑事诉讼法》基于各方面考虑，于2012年第二次修正时恢复了全案卷宗移送制度，有助于法官更加清晰地把握争点，提升庭审的针对性、有效性，但也要注意防止由于庭前阅卷知悉案件情况而带着有罪预判和偏见进行庭审，切实把注意力转移到庭审上来。

（2）各方的诉讼请求、上诉理由（归纳争议焦点）；（3）确定庭审重点；（4）需要特别注意的问题；等等。从而为庭审厘清思路、确定重点、指明方向。

（三）拟制庭审预案

庭审中的各种预案主要有：（1）有关申请回避方面的预案；（2）有关证人、鉴定人出庭作证的预案；（3）有关辩护人委托或拒绝辩护的预案；（4）有关法庭问答的预案；（5）有关检举揭发的预案；等等。

（四）制定庭审工作方案

有关庭审的各种工作方案主要有：（1）法警安全保卫工作方案；（2）开庭的后勤和技术保障方案；（3）新闻宣传工作方案；等等。

（五）开好预备庭和庭前会议

具体工作主要包括：（1）对复杂案件组织庭前证据交换；（2）组织庭前听证；（3）召开庭前会议；等等。

（六）指导书记员做好庭前准备工作

包括：（1）确定合议庭组成人员和开庭时间；（2）通知各方；（3）依法公告；（4）按时到庭；等等。根据法律规定，必须将检察院的起诉书副本至迟在开庭10日以前送达当事人。对于被告人未委托辩护人的，告知被告人可以委托辩护人，或者在必要的时候通知指派承担法律援助义务的律师为其提供辩护。通知被告人、辩护人于开庭5日以前提供出庭作证的身份、住址、通讯处明确的证人、鉴定人名单及不出庭作证的证人、鉴定人名单和拟当庭宣读、出示的证据复印件、照片。将开庭的时间、地点在开庭3日以前通知检察院。传唤当事人，通知辩护人、法定代理人、诉讼代理人、证人、鉴定人、勘验、检查笔录制作人和翻译人员，传票和通知书至迟在开庭3日以前送达。公开审判的案件，在开庭3日以前先期公布案由、被告人姓名、开庭时间和地点。上述活动应当写入笔录，由审判人员和书记员签名。

与刑事审判有所不同，民事诉讼审理前准备，也称庭前准备，指民事案件受理后到开庭前，法院和诉讼参与人按公开审判的原则而依法为开庭审理所做的一切准备活动。审理前的准备是刑事附带民事诉讼法定程序的一部分，在实践中亦需要切实加以理解和把握。

二、法庭调查阶段

法庭调查是整个庭审的中心环节，是指在法庭上对案件事实和证据进行审查的活动。在刑事案件中，法庭调查的目的在于通过讯问被告人和审查、核实证据材料，查明案情的真相，为判决提供事实根据，以便正确合法地处理案件。在这一阶段，法官的工作重点是及时准确地归纳诉辩主张和争议焦点，引导当事人围绕重点进行陈述、举证和质证。在控辩双方各自陈述诉讼主张的过程中，法官应当注意倾听，作好记录，善于归纳和总结，并准确提炼争议焦点。作为人民法院审理案件的重要阶段，法庭调查应当按照以下顺序进行：

（一）公诉人宣读起诉书

在公诉人宣读起诉书之后，被告人、被害人可以分别就起诉书所指控的犯罪进行陈述。被告人如果承认起诉书中指控的犯罪事实，应对自己的犯罪行为进行陈述；如果不承认起诉书中指控的犯罪事实，应提出自己无罪的意见，被害人也可以针对起诉书中指控的犯罪，陈述自己受害的过程及有关的诉讼请求。在这个过程中，公诉人可以就其所指控的犯罪事实，向被告人讯问，使审判人员当庭听取被告人辩解，弄清案件事实。被害人、附带民事诉讼原告人以及辩护人、诉讼代理人，在征得审判长的同意后，也可以向被告人发问。审判人员在审理案件过程中，对有疑问的地方，以及被告人在陈述时有不清楚的地方，可以直接讯问被告人。

（二）听取证人证言和鉴定意见

询问证人前，审判人员应首先告知证人要如实地提供证言，故意作伪证或隐匿罪证要追究其刑事责任。证人作证应个别进行。对证人的陈述有不清楚或矛盾的地方，应要求证人进一步陈述或说明，对证人之间的证言相互矛盾的，应进一步核实，互相质证。在证人提供证言、鉴定人提供鉴定意见的过程中，公诉人、当事人、辩护人、诉讼代理人认为需要询问证人、鉴定人的，在征得审判长同意后，可以向证人、鉴定人发问，但其内容必须与案件有关，如果审判长认为其发问的内容与案件本身没有关系，应当制止其继续发问。询问证人、鉴定人，主要应由公诉人、当事人、辩护人、诉讼代理人进行，但在必要时，为保证法庭准确调查核实案件真相和证据，审判人员也可以询问证人、鉴定人。

（三）出示、核实有关证据

在出示证据之前，公诉人、辩护人应首先向当事人问清该物证的特征，然后再向法庭出示，让当事人辨认、核实，并听取当事人对所出示证据有什么意见，对未出庭作证的证人证言笔录、鉴定人的鉴定意见、勘验笔录和其他作为证据的文书，公诉人、辩护人应当宣读，对在法庭上出示的物证和宣读的其他证据，审判人员应听取公诉人、当事人、辩护人、诉讼代理人的意见，认真核对，只有经过当事人辨认，各方面的证人证言相互印证，查证属实后，才能作为定案的根据。

刑事诉讼中的当事人包括被害人、自诉人、犯罪嫌疑人、被告人、附带民事诉讼的原告人和被告人。在法庭调查中，当事人主要享有下列权利：

1.被告人、被害人有进行陈述的权利

公诉人宣读起诉书后，被告人和被害人可以就起诉书所指控的犯罪分别进行陈述。被告人如果承认起诉书中的指控，可对自己的犯罪行为进行陈述；如果不承认起诉书中的指控，则可提出自己无罪的意见。被害人可以针对起诉书中指控的犯罪陈述自己受害的经过和有关的诉讼请求。

2.被害人、附带民事诉讼的原告人在法庭调查时，经审判长同意，可以向被告人发问

被害人是犯罪行为的直接受害者，附带民事诉讼的原告人对由于被告人的犯罪行为而遭受的物质损失有权要求赔偿。所以他们可以向被告人发问。

3.当事人经审判长许可，有权向证人、鉴定人发问

当事人在证人、鉴定人提供鉴定意见后，认为有些事实还不清楚，需要询问证人、鉴定人的，经审判长许可，可以对证人、鉴定人进行发问，要求其作出进一步的陈述和说明。

4.当事人对公诉人、辩护人向法庭出示的物证有辨认的权利

对公诉人向法庭出示的证明被告人罪行的物证，辩护人向法庭出

示的证明被告人无罪或罪轻的物证，当事人都有权进行辨认、核实，经过辨认后，发表自己对这些证据证明力的看法。对法庭上出示的物证和宣读的其他证据，只有经过当事人辨认、质证，各方面的证人证言相互印证，经查证属实后，方可作为定案的根据。

5. 当事人有权申请通知新的证人到庭，调取新的物证，申请重新鉴定或勘验

在法庭调查过程中，当事人如果发现了新的证据或对原有证据产生疑问，有权以口头或书面形式随时向法庭提出申请，请求新的证人到庭，调取新的物证，进行重新鉴定或勘验。但是否允许其申请，还要人民法院视案情作出决定。

在庭审的举证、质证阶段，关键证据一般应当一证一质，注意防止“打包质证”或“捆绑质证”，避免庭审走过场。实践中，法庭调查阶段经常遇到证人、鉴定人或有专门知识的人出庭、侦查人员出庭、证人强制出庭条件的判断以及排除非法证据申请如何进行法庭调查、什么情况下启动非法证据排除程序等法律问题的理解和把握，有关具体操作问题将在后续有关章节中予以阐述。

三、法庭辩论阶段

法庭辩论，是法庭审理的重要阶段，指在诉讼活动中，控辩双方就起诉书中指控的相关案件事实、定罪量刑以及法律适用等问题进行辩论的活动。也就是说，法庭辩论是在法庭审理过程中，公诉人、被害人或其诉讼代理人、被告人、辩护人围绕犯罪事实能否认定、被告

人是否实施了犯罪行为、是否应负刑事责任、应负什么样的刑事责任等问题，对证据和案件情况发表各自的意见，相互进行辩论，在法庭调查和各方充分发表自己对整个犯罪事实、情节、每个证据的证明力等的意见的基础上，对双方争论的焦点问题，作进一步的辩论。公诉人、当事人和辩护人、诉讼代理人要求发表辩论意见时，应提出申请，征得审判长同意后，方可发言。在庭审中，双方展开辩论的机会是均等的。在法庭辩论结束前，审判长应征求各方是否还有新意见，在各方表示没有新的意见后，审判长应宣布辩论终结。审判长宣布辩论终结后，被告人有最后陈述的权利。如果在辩论中发现证据有疑问，合议庭可宣布休庭，决定延期审理，调查核实证据。在法庭辩论阶段，法官以倾听为主，适当控制和引导。

实践中，法庭辩论并非无序进行，而一般按以下顺序进行：（1）公诉人发表公诉词；（2）被害人或其诉讼代理人发言；（3）被告人自行辩护；（4）辩护人辩护；（5）控辩双方对争论焦点进行辩论。需要注意的是，法庭辩论时，在有多名被告人并有辩护人参加诉讼的情况下，应当在被告人自行辩护后，紧接着由该名被告人的辩护人发表辩护意见，尽量使被告人、辩护人的辩解、辩护意见紧凑、连贯。法庭辩论时，合议庭成员不得对案件性质、是非责任发表意见，法庭辩论不得与任何一方当事人进行辩论；当事人提出新的事实和证据时，审判长可视情况宣布中止辩论，恢复法庭调查；审判长可根据辩论情况征询各方当事人，如无补充意见，宣布辩论结束。

四、被告人作最后陈述阶段

被告人作最后陈述，是法律赋予被告人保护自己合法权益的一项重要的诉讼权利，是法庭审判的必经阶段。根据《刑事诉讼法》的规定，法庭审理过程中，对与定罪、量刑有关的事实、证据都应当进行调查、辩论；经审判长许可，公诉人、当事人和辩护人、诉讼代理人可以对证据和案件情况发表意见并且可以互相辩论；审判长在宣布辩论终结后，被告人有最后陈述的权利。可见，被告人最后陈述权是刑事诉讼法赋予被告人的一项重要诉讼权利，这对于全面贯彻体现言词原则、更好地发现案件事实真相、实现刑事诉讼目的、提升被告人主体地位、彰显对被告人人格的尊重、教育旁听群众等均有着重要的意义。但由于长期以来，法学理论对被告人最后陈述权的理论基础、特点和内容缺乏深入研究、尚未形成较为清晰的认识，导致该程序设置在实践中容易被忽略或异化。有些法官不重视被告人的最后陈述，不善于充分发挥“最后陈述”的功能和意义，在此阶段往往就开始收拾案卷材料，不太注意倾听，或轻易打断被告人的最后陈述，均会影响整个案件的庭审效果。

当然，被告人的最后陈述权并非没有限制，任其发挥。根据最高人民法院司法解释规定，审判长宣布法庭辩论终结后，合议庭应当保证被告人充分行使最后陈述的权利；被告人在最后陈述中多次重复自己意见的，审判长可以制止；陈述内容蔑视法庭、公诉人，损害他人及社会公共利益，或者与本案无关的，应当制止；在公开审理的案件中，被告人最后陈述的内容涉及国家秘密、个人隐私或者商业秘密的，应当制止。

五、评议案件与宣告判决阶段

评议案件与宣告判决阶段，是开庭审理的最后阶段，是合议庭根据已经查明的事实和证据，依照法律和政策，分清是非，明确责任，作出判决并宣告判决结果的过程。

所谓评议案件是指合议庭在法庭调查中，听取法庭辩论以及被告人最后陈述的基础上，经休庭，对案件进行讨论并形成决议的审理过程。根据我国诉讼法规定，人民法院审理案件实行合议制和独任制，所谓合议制就是以合议庭形式审理案件。合议庭作为人民法院审理案件采取的最基本、最重要的审判组织形式，其最大特点在于发挥集体智慧，防止个人独断，保证案件得以公正、公平地审理和判决，体现了程序公正。合议庭评议案件一般在庭审结束后五个工作日内进行。合议庭评议案件时，先由承办法官对认定案件事实、证据是否确实、充分以及适用法律等发表意见，审判长最后发表意见。合议庭成员进行评议的时候，应当认真负责，充分陈述意见，独立行使表决权，不得拒绝陈述意见或者仅作同意与否的简单表态。同意他人意见的，也应当提出事实根据和法律依据，进行分析论证。合议庭进行评议的时候，如果意见分歧，应当按多数人的意见作出决定，但是少数人的意见应当记入笔录。审判长应当根据评议情况总结合议庭评议的结论性意见。合议庭评议笔录由书记员制作，由合议庭成员签名，归档备查。

所谓宣告判决，是指人民法院在对案件审理终结后，根据查明的事实和有关法律规定，对案件作出裁判并予以宣告的过程。宣告判决的内容包括：认定的事实、适用的法律、判决的结果和理由、当事人的上诉权利、上诉期限和上诉法院等。宣告判决有两种方式：一种是当庭宣判。即在合议庭评议后，由审判长宣布继续开庭并宣读裁判。宣判后，在一定期限内向有关人员发送判决书；另一种是定期宣判。即不能当庭宣判的，另定日期宣判。定期宣判后，应立即发给判决书。无论是公开审理还是不公开审理的案件，宣告判决一律公开。公开宣判，要求人民法院在开庭宣判三日前通知当事人和其他诉讼参与人公开宣判的时间、地点等，并贴出公告。开庭宣判时允许群众旁听，也允许社会新闻报道。

【延伸阅读】①

证人证言的可靠性及其庭审审查的重要性②

我们能否凭借证人证言再现业已发生的案件故事，运用心理学知识通过对证人证言可靠性的科学评估，使证人证言在各类犯罪案件的侦查和审判中得以运用，这涉及证人证言的证据价值这一由来已久的

① 直接言词是现代刑事诉讼的重要原则，也是庭审呈现的重要内容。为帮助读者加深对言词尤其是证人证言形成的心理机制和出庭作证的重大意义等问题的理解和把握，笔者根据以往撰写的材料整理了两段相关主题论述，作为延伸阅读材料，以供参考。

② 整理自陈增宝：《法律心理学视野下的证人证言》，载《人民法院报》2014年6月13日。

根本性问题。自从人类社会出现法律和司法活动以来，人们就在不断探讨证人证言背后的各种心理问题，并在实践中应用心理学原理使证人愿意作证，识别伪证和误证，从而取得真实可靠的证言。纵观法律心理学的发展历史，证人证言心理学在19世纪下半叶就开始逐步形成，至20世纪中叶渐趋成熟，期间许多学者对证人证言的证据价值发表了自己独到的见解。例如，1841年德国法官布拉维尔在论文《直接证人证言的不可信》中指出，由于知觉、回忆和陈述时判断的错误，以幻想补充知觉，推理与知觉的混同，再认判断时的错误，调查记录的无意识伪造等，使证人证言不可信。20世纪初，法国学者比奈在《暗示性》和德国学者威廉·施太伦在《证言心理学论文集》中亦认为证言不可信。这种片面武断的主张曾一度严重影响了司法审判活动。与上述观点相反，学界的主流观点则肯定了证人证言的证据价值。如德国心理学家闵斯特伯格所著《在证人席上》一书中，用大量的实验材料论述了证言的可靠性问题，指出心理学已经获得了足以帮助分辨可靠证据和不可靠证据的知识。

当今时代，证人证言作为独立的法定证据种类，其证据价值和证据地位毋庸置疑。人类的一切科学，都建立在人类自身的观察、知觉、记忆等基础之上，所以一般意义上的知觉、记忆结论也自然能够符合法律理性的许可标准。这或许就是证言尽管不是尽善尽美，但仍然具有证据价值之原因所在。从司法的实际运作来看，由于其无须采用专门技术设备发现和收集以及不可替代性、信息量大、直观形象等特征，证人证言已成为运用最为广泛的常见证据以及收集和鉴别其他证据、据以查清案件事实、实现刑事诉讼任务的重要手段。根据辩证唯物主义认识论，人类具有认识客观世界的能力，证人证言是人的主观对客观的反映，我们没有理由完全拒绝它，关键在于通过科学的理论研究、完善的程序设计及其良好的实务运作来获得更精确、完整的反映，着力提升证人证言的可信度和司法者的审查判断力。

法律心理学研究告诉我们，无论是误证还是伪证，证人的心理活动必然有自身的规律，证人证言实质上是证人心理活动的结果，有规律可循。探究证人证言形成的心理机制，掌握证人心理活动规律，运用证言形成的心理分析法，有助于回答和评估解决证人证言错证的司法难题。（1）帮助解释证人证言是否能够或能在多大程度上再现过去发生的案件真实情况，揭示影响证人证言精确性、导致证言错误的相关因素。（2）帮助司法者利用或克服影响证言可靠性的因素，进一步为证言的收集工作提供理论指导，有效地防范由于司法人员取证行为不当导致错证现象的发生。（3）在诉讼阶段为证言的审查判断和案件事实的认定提供理论指导，使认定的法律事实最大限度地接近客观真实。

根据证人心理学原理，证人心理可分为证人证言形成的心理机制与影响证言形成的心理内容。证言形成的心理机制包括证人信息的获得与信息的表达两个方面。证人证言是否可靠，有赖于证人对客观事物的认识与表达是否可靠。认识方面涉及证人的知觉、识记与保持等认识活动，表达方面则涉及证人记忆的提取与言语陈述等表达活动。其中，证人认知的选择性等特点会使证言出现以偏概全；人们对自己认知结果的合理化解释会进一步歪曲证言对事实的反映，在一定程度上模糊了主观的信息补充与客观事实之间的区别，从而造成了错证的发生。而如何运用心理学知识，理性地评估、审查判断或防范控制证人年龄、性别、知识经验、职业背景、动机情绪、自信心等个性因素对证人的认识或表达能力的影响力，确定是否赋予或限制儿童的作证资格，这些都应当成为法学理论和实务操作以及诉讼程序规则的立法完善等必须解决的重点。通过法学界和心理学界的共同努力，实现法律与心理学的学科融合，对于帮助司法人员作出正确决策、改善司法裁决的质量，意义非常重大。在德国、加拿大等国家和地区，就专门有心理学家作为专家证人为法庭进行证言精确性的评估。在德国的儿童被害案件中，还形成了对儿童证言的精确性的评估规则。目前，这一规则的适用范围还有扩大的趋势。

当前在我国司法实践中，全国各级司法机关应当以新一轮司法改革为契机，切实贯彻《刑事诉讼法》，更加重视对证人证言的庭审审查，并建立健全强制证人到庭、证人保护和出庭作证制度、强化交叉询问等庭审证据规则，在个案裁判中注意审查判断证人是否具备正常认知的条件、目击时的情绪与动机状况、有否加入后来信息、是描述还是想象以及内容表达的准确性、表达时的情绪状况、情感因素、安全因素、利益因素等内容。对已经收集在案的书面证言要加大庭审质证力度，尤其要注意对侦查取证行为的合法性进行重点审查判断：一看是否依法收集，认真识别和有效地排除以威胁、引诱、欺骗以及其他非法方法收集证据的情形。二看是否及时收集，防止证人遗忘案情，以及由于时间长受到暗示的因素增多。三看是否全面收集，防止只收集能够证明犯罪嫌疑人有罪、罪重的证言，而不收集证明犯罪嫌疑人无罪、罪轻的证言。四看是否客观收集，防止主观臆断、断章取义、歪曲事实、先入为主，防止给证人施加暗示，以保证获得真实、准确、完整的证言。

【延伸阅读】

落实证人出庭还需制度发力①

落实证人出庭作证制度，是实现以庭审为中心的重要保障，对于贯彻直接言词原则和证据裁判原则，保障被告人的辩护权、对质权等具有十分重大的现实意义。而强制证人出庭作为一项配套的全新举措，在运行效果上能否缓解证人出庭作证难这一老大难问题，亦受到社会广泛关注。

一、实践中的经验和做法

从掌握的资料来看，早在2007年的时候，全国法院一审刑事案件中，证人出庭率不超过10%，二审刑事案件中，证人出庭率不超过5%。近年来，特别是推进以审判为中心的诉讼制度改革以来，证人出庭作证比率过低的局面已得到较大的改观。据统计，2015年以来，仅浙江省温州地区两级法院就在450件刑事案件中通知815人出庭，实际有294件案件453人出庭作证，出庭作证率高达55.6%，相关做法得到最高人民法院的肯定，被称为以审判为中心的刑事诉讼制度改革"温州经验"。调研显示，浙江省温州中院以及其辖区瑞安市、平阳县，

① 整理自陈增宝、陈静：《强制证人出庭的经验、困境及其解决——以审判为中心背景下的思考》，载《中国审判》2017年第20期。

台州中院及其辖区黄岩区法院、温岭市法院，湖州中院及其辖区吴兴区法院，衢州柯城区法院，嘉兴海宁市法院，绍兴中院等法院均先后会同当地公安、检察机关出台《关于刑事案件证人、鉴定人出庭作证若干问题的会议纪要》《刑事案件关键证人、鉴定人出庭作证实施细则》等规范性文件，推进此项改革。

相关经验做法主要涵盖以下内容：一是明确证人出庭作证的情形。控辩双方对证人证言有异议，且该证言对案件定罪量刑有重大影响，可以向法庭提出申请，由法院决定。法院认为证言存在疑问且对定罪量刑有重大影响的，也可依职权通知证人出庭作证。有的还进一步细化证人有必要出庭的审查标准，明确具体情形。二是规范作证的启动流程。除依职权通知出庭作证外，公诉人、当事人或者辩护人、诉讼代理人向法院申请通知证人、鉴定人出庭的，应在开庭通知之日起三日内，提交申请书。审查决定后，于开庭前三个工作日向证人、鉴定人送达出庭通知书。三是建立强制作证机制。如无正当理由拒不出庭作证，可由法院院长签发强制证人出庭令，强制其到庭，并可视情节予以训诫、十日以下拘留等处罚。温州的会议纪要还明确了证人、鉴定人不出庭作证的替代方式。四是提供经费保障。对因出庭作证产生的交通、住宿、就餐等费用，列入法院业务经费。出庭作证期间的交通费、住宿费按浙江省机关事业单位工作人员出差标准执行。五是创新出庭方式，强化证人保护。利用远程视频系统，进行视频作证。对身处国内偏远地区或国外、难以到庭的证人，则在法庭审理前利用外部网络，接入证人的视频画面。对部分涉黑涉恶、贩卖毒品、邻里纠纷案件中有必要保护身份信息的证人采取化名处理；在庭审过程中，对证人的声音进行变声处理、对远程视频作证证人的面部进行马赛克处理。

实践证明，通过完善证人、鉴定人作证机制，推进庭审实质化改革，各试点法院都取得了积极成效。尤其是从2014年11月底开始，温州地区联合中国政法大学国家司法文明协同创新中心在温州中院和瑞安、平阳法院开展庭审中心与证人出庭改革试点工作，以庭审实质化为核心，证人出庭作证人数显著提高，审判质量明显提升。就强制证人出庭作证而言，温州两级法院对确有必要出庭作证的证人，积极探索强制出庭作证制度，共强制3名证人出庭作证。例如，在审理瑞安市塘下财政局原局长何某某受贿罪一案中，温州中院出具全省首个强制出庭令，强制证人张某出庭作证，对最终认定受贿金额起到了关键性的作用。

二、进一步解决强制证人出庭难的思路与对策

强制证人出庭作证作为一种新生制度，尚存在诸多需要完善的地方，不仅需要司法机关的积极推动，还需要全社会的理解和支持，关键靠制度性努力。

1. 必须从推进法治建设的高度，充分认识强制证人出庭作证的制度价值和重大现实意义。庭审是被告人集中行使诉讼权利、与证人对质的法定场所，是控辩双方直接交锋的地方。全面落实证人出庭作证和强制证人出庭规定，无疑是贯彻直接言词原则、查清案件事实的必然要求，具有重大的刑事法治意义。法律心理学告诉我们，无论是误证还是伪证，证人的心理活动必然有自身的规律。控辩双方对对方证人、被害人的交叉询问被视为揭露伪证、避免误判的重要程序设计。证人、被害人只有出庭作证，才能使法官、人民陪审员获得对作证内

容进行“察言观色”的机会，并通过听取口头陈述，对这些陈述的真实性作出直观判断。而离开了证人出庭作证，这些制度都将形同虚设。证人当庭作证，还有利于扩大司法共识，从而加快案件的审理进程。

2. 必须更加科学地把握“强制”的科学内涵，让关键证人出庭作证成为司法常态。首先，必须保护先行。正如英国著名法官丹宁勋爵所言：“采用一切可行的手段来保护证人是法庭的职责。”其次，强制的适用条件是无正当理由拒不出庭且情节严重。所谓正当理由，一般指不违背公序良俗和社会常识的行为导致证人无法出庭，而不是不愿出庭或不敢出庭，如证人身体不适、因公出差、家庭变故、工作性质或者身份不便等原因。“情节严重”是指证人被训诫后仍拒绝出庭或出庭后拒绝作证、为拒绝作证而故意逃避或者出庭后扰乱法庭秩序、保护机构已经提供了有力保护而证人仍以种种理由推脱等情形。再次，强制的重点是关键证人，且近亲属除外。关键证人不出庭，事实就无法查清，犯罪就无法惩罚，确有强制之必要。而我国每年审理刑事案件上百万件，证人全部出庭作证，既不现实，也无必要。解决证人出庭的根本出路，在于通过简易程序、认罪程序等层层过滤，在繁简分流的基础上，切实控制需要出庭的证人数量，保证关键证人出庭，提高证人出庭率。同时，必须保障被追诉人的配偶、父母、子女不被强制出庭的权利，这是对我国“亲亲相隐”这一传统法律制度的传承，体现了对人性的尊重和法律的人伦精神。最后，强制的目的不是单纯地惩罚，而是为了威慑和教育引导。强制的法律规定和适当的惩罚宣示有助于打消证人出庭的顾虑，降低对方打击报复的概率，对于一些法律意识较为淡薄的人来说，强制的确有效果。但是惩罚不是目的，我们对强制的阻力和功效还是应该保持清醒的认知，应更加重视其教育和引导功能，让其意识到出庭作证是公民个人应尽的义务和责任，从而冲破证人作证的心理顾虑。

3. 必须坚持目标导向和问题导向相统一原则，强化短板意识，使强制证人出庭作证这一重大决策部署在个案中得以贯彻。鉴于长期以来庭审功能虚化的实际，必须以证人出庭作证为突破口，推进庭审实质化改革，逐步限制书面证言的使用范围，切断法官事先形成预断的证据来源，实现“事实证据调查在法庭、定罪量刑辩论在法庭、裁判结果形成于法庭”，切实发挥审判程序对侦查、起诉的制约和把关作用，有效防止形成“起点错、跟着错、一错到底”的局面。针对证人安全、补偿保障机制不够健全等现实问题，必须着力构建多层次的证人保护措施，强化证人保护，加大对妨碍证人作证行为的打击力度，完善证人补偿奖惩机制。针对因作证意识淡薄而拒不到庭等问题，必须着力协调接受惩罚、承担义务与享受权利之间的平衡，进一步规范证人强制出庭的条件，慎用证人强制出庭的措施，尽量通过说服教育解决问题。司法人员也要注重提高自身素质和业务水平，加强询问、质证能力的培养，不断唤起证人主动作证的良知和责任意识，让证人感知诚实作证的神圣价值和庄严意义，消除证人的恐惧心理和后顾之忧，维护证人的合法权益和尊严。总之，证人强制出庭不是一个单纯的法律问题，而是一个复杂的系统工程，需要从理念、文化、制度、保障和惩戒等方面综合加以解决。

第二讲

庭审的功能与价值

——庭审是法官审判案件的决定性环节

《中共中央关于全面推进依法治国若干重大问题的决定》明确提出，要全面贯彻证据裁判规则，严格依法收集、固定、保存、审查、运用证据，完善证人、鉴定人出庭制度，保证庭审在查明事实、认定证据、保护诉权、公正裁判中发挥决定性作用。可见，庭审是法官裁判案件最基本最重要的活动，也是法官审判案件的决定性环节，承担重要的功能与价值。

要达到司法中的行为公正与认同公正的统一，除了致力于制定严格的司法细则、程序规则等制度建设和严格的实务操作外，还要坚持以人为本的逻辑起点，统筹兼顾司法公正的法律标准、心理标准与社会标准，有针对性地密切关注个案当事人“司法公正感”的具体形成与有效实现。

庭审是一个多维、立体、动态的过程，涉及多重身份、多重关系、多重价值，展现多方诉讼参与人的对决与博弈，体现法官对案件的价值判断与利益衡量，它几乎涵盖了司法公开的全部要义。

专题一　庭审的功能

一、发现事实真相与建构案件事实

个案事实的依法形成与准确认定，无疑对于司法公正的实现至关重要。正如有的学者所言："事实问题是司法行为理论中的基石性问题。如果不解决事实问题，就不可能进行公正的司法判决，司法行为本身的意义就会荡然无存。"因此，刑事审判、民事审判、行政审判等诉讼活动均应以发现案件事实的真相和准确认定案件事实为目标。对此，日本著名刑事诉讼法学者小野一郎博士曾指出："关于刑事诉讼，实际上的中心问题，仍在于事实认定，倘若此种认定流于恣意，则刑事审判的正义将从根底崩溃。"美国比较民事诉讼法学者约翰·郎贝恩教授认为，发现事实也是民事诉讼的中心任务。在民事、行政诉讼中，很多案件事实问题的认定决定着整个案件的最终处理结局，事实问题往往成为当事人在诉讼中的重要争点。据初步统计，我国目前申请再审的案件大多数就是对事实问题的争议，而不是真正对法律问题的争议。德国的情况也说明："一百多个诉讼案件中，只有一件是对法律的争议，其他都是由事实的争议所引起的。解决事实问题，解决实际上发生了什么，法律常常就能自我关照。"

案件事实的确并非司法者拿着一面镜子照向现实而得出的结果。但这并不意味着司法者在指导思想上可以放松对事实真相的客观发现尽自己最大的努力和诚意，或对案件事实进行任何冒险认定。事实上，认定的案件事实越接近于原初事实、其偏差越小，说明诉讼程序对事实认知功能越强，司法的精准度、公正度和公信度自然就越高。这一客观司法目标的实现，离不开对审理事实工作的常识性审查以及依证据裁判规则等程序规则的合力支撑。

就常识性审查的司法应对而言，法官应当具备判决所必需的知识基础和丰富的社会阅历，构建相应的“常识库”。根据加拿大法学家玛里琳·T. 迈克瑞蒙教授的论述，法官审理事实所必需的知识至少包括关于法律的知识、关于物质世界的知识、关于语言的知识以及关于人类行为的知识等四个方面。威廉姆·忒茵则把影响事实认知的背景信息称之为“知识库”。就此而言，“法律应当由那些有能力、有经验的人执行。”

就程序制约而言，判决是证据的体现，案件事实的形成必须接受证据规则和诉讼程序的制约和监督。就刑事诉讼来说，当下最重要的一项工作无疑就是推进以审判为中心的诉讼制度改革，全面贯彻证据裁判规则，严格依法收集、固定、保存、审查、运用证据，完善证人、鉴定人出庭制度，保证庭审在查明事实、认定证据、保护诉权、公正裁判中发挥决定性作用。这就意味着法院、公安、检察、辩护律师要形成整体合力，贯彻中立裁判和直接言词原则，真正体现控辩平等，大力推进庭审实质化，使庭审成为解决案件事实问题的主要场所；意味着必须坚持和推进严格司法，在“问题案件”中能够真正落实罪刑法定、疑罪从无、非法证据排除等法律原则和制度，为防范冤错案件提供更为强大的法律程序和制度保障。也因此，发现事实真相既是庭审的功能，也是通过庭审实现正义的要求。笔者认为，庭审的主要功能就在于查明案件事实和证据，明辨是非曲直。同时，法官通过庭审展现的事实信息，依证据、融合经验形成内心确信，建构案件事实。

二、发现法律规范与阐明法律原理

在事实确定的基础上，必须解决法律适用问题。作为穿行在法条丛林中的法官，不可能掌握全部法条，而每一个具体案件中所要加以运用的法律是极其有限的，法官的责任就是要在浩如烟海的法律条文中，去发现与所要解决案件相关的合适法条。广义的法律发现，包含寻找最相类似的法条。

无论是单纯的“找法”还是伴随法律解释的司法过程，其实都离不开作为前提的“发现”的心理过程。“找法”的过程是从现行法律规范体系中加以检索、发觉的过程，而“类推”也需要法官先找到与当下案件相匹配的类似的法律或案例为前提，只有在发现类似法律规范或案例的前提下，才具有了法律解释的前提和条件。

从认知心理学观点来看，法律发现是个体从已有的记忆库（或借助外在的法规汇编）中提取出来的一个可适用于当下案件的规范的心理过程。在信息加工的过程中属于“信息输出”，而在信息的输出之前还存在着信息输入的环节，否则信息输出就成了无源之水。而法律发现之“源”就是先前的“法条认知”。通过庭审活动，法官可以在双方充分争辩的基础上，对法条形成更加全面的认知，完成“找法”活动，阐明法律适用原理与规则，从而为正确适用法律对案件作出正确裁判打下基础。

三、增强司法透明度与主动接受监督

建立公开、透明的审判制度是程序正义的必然要求。司法公开透明对于提高司法公信力，树立法律权威至关重要。审判公开既包括对当事人的公开，也包括对社会公众的公开。而庭审是增强司法透明度、司法主动接受当事人和社会各界监督的重要渠道。根据我国法律规定，除涉及国家秘密、个人隐私、未成年人（开庭审理时未满18周岁）犯罪以及法律另有规定的案件外，一律由人民法院公开审理。即使不公开审理的案件，宣告判决仍公开进行。阳光是最好的防腐剂。在庭审过程中，法官通过公开开庭审理案件，允许公民参加旁听，从而使审判活动在阳光下进行，自觉接受社会监督，有助于防止司法专横和司法腐败。

四、解决矛盾纠纷与打造司法公信力

庭审是解决案件矛盾纠纷的主要场所。司法公信力是指社会公众对审判权的运行及运行结果所具有的心理认同感，即人们对人民法院及其生效裁判文书等的信任程度，它能表明社会公众对法官是否信任和尊重以及信任、尊重、自觉服从法院生效裁判的程度。司法公信力越强，人们对司法的信任度就越高。而庭审是整个审判活动的中心，是法院向社会展示司法活动、行使裁判权的重要平台。法官的使命就是主持庭审，给当事人提供一个充分说理的机会，在此基础上查明案件事实，并通过理性的判断和缜密的思维作出公正的裁决，从而实现社会正义，庭审因此成了打造司法公信力的主要阵地。在封闭、不透明的司法环境中，当事人及社会民众是不会对司法产生信任的。公开开庭审判以看得见的方式进行，可以消除当事人及社会民众对司法公性的疑虑，增强当事人及社会民众对司法的可信度，从而赢得当事人和社会民众对司法的充分信赖，提升司法公信力。庭审还具有正当化的功能，使国家对纠纷的处置正当化。即国家对冲突的处置不是通过幕后的审查研究而是通过公开开庭审判的方式进行，因而具有相当的合法性和正当性，从而有效地化解社会矛盾，真正地解决纠纷。

五、宣传法治和教育民众

法官开庭审判就是运用法律对查清的事实作出裁判。在庭审中，法官释明法律，对案件的是非曲直作出评判，并将裁判结果公之于众，使当事人及旁听民众从中受到教育，起到了宣传法制知识，引导社会行为的作用。上述庭审功能也可归纳为以下四个方面：

（一）查明事实

以事实为依据、以法律为准绳，是司法审判的基本原则，也是确保公正的关键。能否查明事实，是法官正确断案的前提和基础。而庭审，通过法庭调查、法庭辩论，使案件事实的查明成为可能。

（二）认定证据

《刑事诉讼法》第50条规定，可用于证明案件事实的材料，都是证据。证据包括：（1）物证；（2）书证；（3）证人证言；（4）被害人陈述；（5）犯罪嫌疑人、被告人供述和辩解；（6）鉴定意见；（7）勘验、检查、辨认、侦查实验等笔录；（8）视听资料、电子数据。证据必须经过查证属实，才能作为定案的根据。因此，证据的审查与认定对于当事人进行诉讼活动，维护自己的合法权益，对法院查明案件事实，依法正确裁判都具有十分重要的意义。而证据究竟由谁“查证属实”？怎样查证属实？显然，证据主要通过庭审中的举证、质证、辩论等途径，最终由法官作出审查与认定，这也体现了“庭审中心主义”的证据理念，体现了庭审作为“认定证据”的决定性环节之作用。

（三）保证诉权

诉权是指法律赋予当事人进行诉讼的基本权利，既包括实体意义上的诉讼权利，又包括程序意义上的诉讼权利，无论是程序意义上的诉权，还是实体意义上的诉权，都是一个统一体的不同方面，二者之间有着密切的联系，相互依赖。当事人行使程序意义上的诉权，其目的在于保护自己的合法权益，实现实体意义上的诉权。如果当事人没有程序意义上的诉权，实体意义上的诉权就无从实现；反之，如果当事人没有实体意义上的诉权，程序意义上的诉权也就没有行使的必要。庭审作为当事人参与诉讼的主要场所，无疑是保证当事人诉讼权利、维护当事人合法权益的决定性环节。

（四）公正裁判

依法查清事实、准确认定证据、充分保障当事人诉讼权利，最终体现为法官输出“公正的裁判”。上述若干功能，归结起来，无疑体现了庭审对于“公正的裁判”的重大意义。

专题二 庭审的价值

专题一有关庭审的功能主要就庭审的技术因素，而不是针对其社会作用而言的。庭审要完成其社会使命，需要尊重和实现以下价值：

一、客观、公正

在形成和确定裁判结论的过程中，力求使案件趋向于事实和规范的本来面目，实现法律适用的客观性是裁判结果具有可接受性的根本所在，在解决纠纷、保护权益、实现正义等方面，客观性体现了人们理性把握司法判决时无法替代的作用，只有体现了客观性的司法判决才有可能并且能够为人们所接受。对于客观性的研究，历来为法学界所重视，理论观点各具特点，大致涵盖以下几层意思：

1. 法律规范本身的内容是客观的，以此对相同的案件应采取一视同仁的态度，确保同案同判；

2. 法官要客观地审理案件，对各方当事人不存在偏见；

3. 司法判决是客观的，不受偏见或者成见的影响；

4. 在法律适用上能够获得客观正确的答案，或者更进一步获得唯一正确的答案；

5. 案件事实的客观性，主要关系到一个真伪的问题。就案件事实的查明与认定而言，必须从诉讼程序的设计和操作层面最大限度地缩小事实形成中主观性因素的影响范围和影响力，使案件事实能够最大限度地接近原初事实真相。从证据的收集环节考察，只有对原始材料进行客观、全面地收集，才能增强事实信息的客观性。尤其是刑事案件，侦查机关收集的证据材料越客观、越原始，后续司法中的分歧就会越小。从证据的保存来看，如果在保存过程中，遭到一些人为的灭失或毁损，即使像指纹、DNA 等客观性公认的物证也会“说谎”。

从审判的环节来看，经由庭审的辩论等原则是确保法律适用客观性的程序保障。刑事诉讼法、民事诉讼法、行政诉讼法均将辩论作为诉讼原则。在开庭审理中，均专门设置了法庭辩论这一环节。在刑事诉讼中，控辩双方可以就案件的事实、定性和法律的适用在庭审中展开辩论。在民事、行政诉讼中，原被告双方及其代理律师也可围绕案件的事实及各自的主张展开对抗性的辩论。辩论可以使整个案件的事实争点和法律争点更加明确，争议焦点更加集中，从而增强法院判决的可预测性和稳定性，有助于实现司法的客观、公正。美国学者卡尔·尼可森·卢埃林在《普通法传统》一书中将“律师的对抗性辩论”列为上诉法院中的稳定性因素之一。他认为，法庭辩论的制度则使得审理过程在一定程度上并非由材料的分析和整理，以及对辩论双方的说服所引领，当然也并非由向律师们有效的、颇具司法思维的咨询过程所引领，而是由两造的辩论过程所引领。对辩论的双方，法官可能是某种障碍或是某种工具，或者更为经常的，同时既是障碍又是工具。如果律师训练有素并善于把握平衡，那么，通过发现和指出重要的争点，通过收集和集中关键的权威先例意见，通过廓清和生动展现案件事实，通过阐明互相冲突的结论的可能后果，以及通过有力表述那些最打动人心的可能的解决规则，法庭辩论可以大大增强审理过程的可预测性。对抗中的律师双方大大有利于确保法院承认并依循有关的权威先例意见进行审理，这又在一定程度上增强了由司法原则所维系的延续性和可估量性。[①]

值得一提的是，长期以来，在我国，辩论制度的贯彻落实存在欠缺或不足，是造成当前社会公众对法院判决特别是对刑事审判中量刑问题不满的一个主要原因。现以量刑为例，加以说明。程序正义的最基本要求是：与诉讼结果有利害关系或者可能因该结果蒙受不利影响的人，都有机会参与到诉讼中，并得到提出有利于自己的主张和证据以及反驳对方提出的主张和证据的机会。[②]因此，如何在量刑过程中，让被告人、被害人以及代表国家利益的公诉人参与量刑并通过法庭举证、质证、辩论等刑事诉讼活动多方影响量刑，增强量刑结果的可预测性以及量刑过程的参与性、对抗性、论辩性，形成一种多方参与的商谈化的量刑局面，则是量刑程序建构的又一重要目标和原则。但是目前，我国存在重定罪轻量刑，量刑没有经过当庭调查、辩论的实际问题，量刑一旦出现“暗箱操作”，极易使被告人以及社会公众难以预测法院的量刑，感觉量刑存在不稳定的状态。为此，笔者曾于2005年撰文倡导为量刑建立相对独立的专门程序，实行定罪和量刑程序的分离，确立量刑庭审、量刑建议、辩论等原则。可喜的是，近年来，随着司法改革的深入开展，量刑纳入庭审范围的程序化改造已经取得

① 参见［美］卡尔·尼可森·卢埃林：《普通法传统》，陈绪刚等译，中国政法大学出版社2002年版，第31~32页。

② 参见宋英辉主编：《刑事诉讼原理》，法律出版社2003年版，第41页。

了突破性的进展。

公平与正义是司法永恒的主题。司法是维护社会公平正义的最后一道防线，公正是审判的生命线，也是庭审活动的基本价值目标。法官对庭审活动应确立最大限度追求庭审公正的理念，把实现司法公正作为自己最高的行为准则。庭审作为审判过程中最核心最重要的环节，应最大限度追求公正。公正包括实体公正和程序公正，二者相辅相成。各国的司法实践证明，庭审活动必须坚持实体公正和程序公正并举，任何偏颇于实体公正或程序公正的做法都是不当的。实践证明，要达到司法中的行为公正与认同公正的统一，除了致力于制定严格的司法细则、程序规则等制度建设和严格的实务操作外，还要坚持以人为本的逻辑起点，统筹兼顾司法公正的法律标准、心理标准与社会标准，有针对性地密切关注个案当事人“司法公正感”的具体形成与有效实现。近年来，全国各级人民法院始终坚持司法为民、公正司法这一工作主线，引领广大法官和干警职工从“司法公正”的抽象要求转向致力于民众“司法公正感”的具体形成与有效实现，充分彰显了人本主义法治精神。这种从“司法者”到“被司法者”的视角转变，意味着从宏大叙事到个案关注，从抽象分析到具体关注每一个司法案件的审理、个案中每一次庭审的组织驾驭、每一份裁判文书的制作，意味着将司法公正的法律要求落实到每一位法官的一言一行之中，意味着法官必须主动接受当事人监督，着眼于群众工作的社会适应性，尽最大努力和诚意让人民群众感受到司法的温暖和公正性。

二、司法效率

所谓司法效率，主要具有两方面的含义：

（一）诉讼经济

诉讼经济的直接要求是提高诉讼效率，即以较小的诉讼成本，实现较大的诉讼效益；以尽量少的投入，最大限度地实现诉讼的客观公正。刑事诉讼中的经济原则，主要是指司法机关和诉讼参与人，应以尽量少的人力、财力和物力耗费来完成刑事诉讼的任务，并实现刑事诉讼的基本价值——客观公正。在案件数量急剧上升、诉讼资源有限的情况下，强调诉讼经济、提高效率具有重大的现实意义。所谓诉讼资源是指国家在诉讼活动中投入的成本，主要包括几个方面的内容：一是人力资源，指一定数量的法官、书记员、翻译、法警、陪审员等；二是物力资源，指办公设施、法庭设施、办案器材、监管场所建设、通讯、交通设备等；三是财力资源，指司法人员的工资福利、办案经费等；四是时间资源，指办案花费时间的长短决定了法院在单位时间内审判活动效率的高低和耗费司法资源的多少。而集中、持续的庭审活动显然可以加速控辩审三方对案件事实信息、证据、法律理解与适用等事项的处理，加快审判活动的速度，从而节约诉讼资源、提高诉讼效率，确保司法资源的耗费降低到最低程度，使大量的案件尽快得以处理。

（二）诉讼及时

迟来的正义非正义（Justice delayed is justice denied）是英国的一句法谚，体现了对司法程序正义而非实体正义的格外强调，意思是说，即使司法裁判的结果是公正的，如果过迟作出裁判，或者过迟告知当事人，程序上的不公正也将使裁判成为非正义的。诉讼的及时性，意味着要求庭审能够较快地推进，使案件得到及时的审判。追求庭审效率是我国现实社会条件的需要。目前，我国司法资源有限，而案件数量不断增加，审理难度不断增大，因此有必要特别讲求提高庭审效率，避免诉讼资源的低效率使用。特别是超审限审判必须杜绝，因为它不仅浪费司法资源，而且丧失了公众对司法的信任，使司法的权威受到质疑。但需要指出的是，效率是以确保公正为前提的。追求庭审效率应建立在实现司法公正的基础上，没有公正，效率也就失去了其存在的理由。

由上述可见，庭审是一个多维、立体、动态的过程，涉及多重身份、多重关系、多重价值，展现多方诉讼参与人的对决与博弈，体现法官对案件的价值判断与利益衡量，它几乎涵盖了司法公开的全部要义。同时，庭审又是一个法官依法履行职责的过程，是一个调查事实真相的过程，是一个诉讼当事人权利实现的过程，司法公开只有在充分发挥庭审功能的基础之上，才能观其远、成其大。①

当前形势下，各级法院均应当以贯彻党的十八届四中全会、十九大精神和二十大精神为契机，以改革为统领，全面深化司法体制和工作机制改革，从司法“入口”开始，推进诉讼服务中心标准化建设，努力提升司法的互动服务效能，通过主动公开审判执行流程等方式，

① 参见李勇：《解读庭审公开——从追求个案公正的视角谈起》，载《中国审判》杂志社网站，http：//www.chinatrial.net.cn/news/878.html，访问时间：2020年1月6日。

让公正看得见、高效能感受，以提高工作效率、方便群众快捷查询等有形途径切实减轻诉讼负担，用群众听得懂的语言、看得见的方式，热心接待群众来信来访、耐心倾听诉求、细心处理各类案件、诚心落实服务承诺，全流程立审执兼顾、千方百计让群众感受到司法的公平性。同时，重点要推进以审判为中心的诉讼制度改革，有效发挥庭审在国家治理体系中的应有功能，做到诉讼资源向庭审集中，办案时间向庭审倾斜，办案标准向法庭看齐，使当事人在法庭上有足够的发言和辩论机会，能够充分表达自己的意见和理由，让庭审成为诉讼参与人参与诉讼活动、行使诉讼权利、形成司法共识、预测司法判决、吸纳不满、彰显法官公正形象的主要场所。

【延伸阅读】

认知视野中的司法公正及其庭审实现①

所谓的司法公正究竟是一个客观的标准还是人们的主观公正感？人们究竟如何感知与判断司法的公正性？作为司法者来说，如何有效地引导当事人和社会公众对司法结论作出准确认知与公正的评判？对这些，“如果恪守狭窄的通道，坚持纯粹规范性的理解范式，就无法注

---

① 整理自陈增宝:《认知视野中的司法公正及其有效实现——基于制度技术和情感艺术的合力支撑》，载《法律适用》2013年第11期。栏目内容对于深化对庭审的功能和价值的认知、阐释司法公正感形成的原理和途径具有一定的参考意义。

入其他理论”，[1]也难以促进问题的有效解决。

司法公正不是抽象理论或空洞要求，更不是玄学空谈，而是一种个案累积而成的客观存在。一般认为，评价、认识和讨论司法是否公正有两个最基本的判断标准：一是法律标准，二是社会标准。

司法公正除了规范判断、价值判断，更是一种心理判断，实质上是人的主观公正感。因此，笔者认为，心理学研究中的公正感理论能够为司法公正的评价标准提供更清晰的理解图式及诠释依据，也为司法公正的有效求得提供恰当的指引，据此，除了法律标准、社会标准以外，对司法公正的判断还需要引入、兼顾一种新的标准，即心理标准。综合心理学研究中的各种公正感理论，影响人们对司法公正心理判断的相关因素有：

一是司法结果是否具有可预测性并经得起比较。司法结果事先是否具有可预测性，事后与当事人预期是否具有一致性是影响司法公正感形成的重要基础。如果当事人得到了一个与预期大致一致的或基本满意的结果，他们一般不会纯粹为了程序不公正问题而进一步发动下一轮的诉讼，不可能单纯为了参与而参与。在心理层面上，程序公正的重要性很多时候是依附于实体结果的——当一项结果基本令人满意时，人们对程序公正的关注度并没有想象得那么高。[2]此外，公正是比较的结果。即人们判断公正与否的方法是将自己的收获与投入之比与一个参照对象的收获与投入之比进行比较，若比值相等则产生公正感，

---

① ［德］卡尔·拉伦茨：《法学方法论》，陈爱娥译，商务印书馆2003年版，第317页。

② 参见张曙：《程序公正的心理学分析》，载《政法论坛》2009年第1期。

若两个比值不等则产生不公正感。这种比较，既是一种公正的处理方法，又符合人类心理中以相同方法处理相同情况的自然趋向。

二是对法官是否形成公正的印象。个体必须判断谁应该对不公正负责。假如负责的个人或实体可以采取不同的行为，但由于客观情况限制没法实施，那么面对不利情境的个体也可能不会认为这不公正。如果个体认为是法官的主观因素造成的，就会产生强烈的不公正感。因此，对法官是否形成公正的印象对于公正感的形成非常重要。

三是能够控制司法诉讼过程。心理学研究证明，寻求控制是个体的一种动力。人们对冲突解决过程是否公正的评价与两种控制有关，（1）过程（程序）控制，例如能够在程序中发表自己的观点并进行论述；（2）决定控制，例如能够影响结果。心理学研究发现，在冲突解决过程（主要是法庭审讯）中能给予人过程控制的程序更容易被人们认为是公正的，由此产生了过程控制效应的概念。

四是有发表意见的机会。程序公正的一个内在要求就是参与。而参与的核心思想是，那些权益可能会受到诉讼结局直接影响的主体应当有充分的机会富有意义地参与刑事裁判的制作过程，并对裁判结果的形成发挥其有效的影响和作用。

五是尊严、价值、需要得到维护与满足。心理学研究认为，当人们在程序中受到尊敬，其尊严、价值得到了维护时，该程序更容易被认为是公正的。如果法院能够给予双方当事人平等的机会、能力和程序的保障，各个当事人的诉讼主张和请求受到平等的尊重和关注，并可在一定限度内自由进攻和防御，程序主体受到公正对等的情感便会油然而生，从而倍觉自主意志受到了尊重。公平的多重需要模式还告诉我们，公平是出于人的一些重要心理需要，即控制、归属、自尊和有意义的生活。人的这些多重需要是诉讼价值多重追求的心理基础。

根据上述法律心理学研究成果，笔者认为，要实现司法公正，除了制定规范的量刑细则、程序规则等制度建设外，还要坚持以人为本的逻辑起点，统筹兼顾司法公正的法律标准、心理标准与社会标准，重点关注“司法公正感”的形成与实现。

（一）树立科学、合理的司法公正观

一个国家、一个时期的司法制度与立法者、司法者乃至社会公众的司法公正观紧密相连。一个国家司法制度的变迁反映了一国司法在裁判的均衡一致性与法官的自由裁量权之间的“平衡术”。对此，并无放之四海而皆准的标准答案。我们如果简单地套用外国或其他地域的公正观念来裁判案件，会脱离本地区的实际。在我国，从规范层面，以刑事审判为例，考量与解决司法公正问题，务必坚持以下几个基本原则：一是裁判应当以事实为根据，以法律为准绳，坚持罪刑法定、法律面前人人平等、罪责刑相适应的基本原则，根据犯罪的事实、性质、情节和对社会的危害程度，决定判处被告人的刑罚；二是量刑既要考虑犯罪行为的社会危害性，又要考虑被告人的主观恶性等情况，实现惩罚和预防犯罪的目的；三是应当贯彻宽严相济的刑事政策，做到该严则严，当宽则宽，宽严相济，罚当其罪，实现法律效果和社会效果的统一；四是要综合考虑不同时期、不同地区的经济社会发展状况和社会治安形势，确保刑罚目的的实现。但对于同一地区、同一时期、案情相同或相似的案件，对被告人判处的刑罚应当基本平衡。

（二）提升法官细节艺术水平

法官永远是司法的主体。无论是电脑量刑，还是量刑指南等规范性文件，都只是法官办案的工具。根据弗兰克的观点，法官的个性是自由裁量的中枢因素，自由裁量结果由情绪、直觉、预感、偏见、脾气以及其他非法律因素所决定。“法庭的判决像其他判断一样，在多数情况下是由暂时形成的结论倒推出来的”，“建立在法官训练有素的直觉”之上。[①] 在全国量刑规范化展开改革的同时，加强对法官司法操作活动本身的研究与建设，显得非常重要。笔者认为，要使当事人对个案结论形成“公正感”，必须完成从单纯强调“司法技术”到突出“司法艺术”的理念提升，必须从细节艺术的角度加强法官的司法能力建设。

我们通常所言的科学司法是审判技术上的要求，而合理司法则蕴含着法官对情感因素的艺术考量。科学、合理司法不仅取决于法官的智慧，更重要的是法官的司法技术与公正善良情感的调和。这种调和本领实质上是一种细节艺术，在此过程中如何掌握裁量的尺度，就如同一名艺术家创作一幅作品一样，完美与否、艺术性成败与否，都将关乎其真实的社会效应。司法中的平凡细节，却往往能充分检验一个法官的精神面貌。宋鱼水法官在庭审中耐心听完一个当事人的陈述，这一庭审细节充分体现了宋鱼水认真负责的态度，彰显其严谨细致的作风，于细微之处体现了司法公正，让当事人由衷感到司法的公正性。因此，我们要以司法为民为宗旨，全环节完善审判细节，以细节提形

① 参见［美］博西格诺：《法律之门》，邓子滨译，华夏出版社2002年版，第27~34页。

象促公正：一要注重立案接待细节，体现人格尊重和为民情怀。立案是当事人接触法院和法官的第一个环节，工作烦琐细致，能否给当事人良好的第一印象至关重要。二要注重庭审细节，严格程序把控和体现公平规范。庭审中，法官与公诉人、律师和当事人互动，旁听者列席其中。法庭的摆设和清洁卫生，法官的一言一行、举手投足，乃至一个眼神一个脸色，都被当事人看在眼里、记在心里。法官在法庭上随意打断当事人的陈述和辩论，使当事人不能完整地表达自己的诉求和理由，客观上有剥夺和限制诉讼权利之嫌，也必然在当事人中产生不公正的猜疑。三要注重文书细节，加强裁判结论的论证与说理。司法向来是一门精细的艺术，不仅需要法官在审判过程中通过严密的逻辑推理作出公允的判断，也需要在最终的裁判文书中向社会宣示法律的神圣、公正与理性。判决书不仅是在写给当事人看，更是写给天下人看。裁判文书中的每句话、每个字乃至每个标点，往往差之毫厘，谬以千里。法官不但要注重通过审理活动发现“裁判的答案”，而且要通过审理活动，论证“裁判答案”的公正性，这就必须加强裁判文书的说理。四要注意“八小时以外”日常细节。有的法官“八小时以外”不拘小节，不看对象，不分场合；有的口无遮拦，乱发议论。看似小节，但对司法公正的杀伤力也不可低估，可谓细节决定成败。

（三）通过实体与程序的双重运作有效获得个案裁判基准

司法公正是一种规范判断，要想让当事人对个案结论形成“公正感”，必须加强裁判的规范化建设，一方面要制定科学、统一的司法操作标准和程序规则体系，以从制度上支持司法公正目标的实现；另一方面必须对法官的自由裁量权进行规范，以防止自由裁量的空间过于宽广而妨碍公平和正义。

对于个案裁判基准的获得而言，实体规范与程序运作，不可或缺。最高人民法院制定的《人民法院量刑指导意见》以及各地自行出台的“量刑指南”等规范性文件规定了常见罪名量刑起点和基准刑的确定依据等内容，无疑是法官获取个案量刑基准的主要依据。但在以往的理论研究与司法实践中，人们却较少注意到程序的运作对于法官获取“量刑基准”的实践意义。笔者认为，庭审程序中的充分质辩也能为法官自由裁量权的行使提供“参照基准”。为什么这样说呢？因为，案件都具有个性化的特征，要实现量刑公正必须考虑刑罚的个别化原则，个案量刑基准的确定是具体的，而在个案中究竟如何确定刑罚则无疑成了难题，此时，庭审程序就是法官发现“个案量刑答案”的重要场所。在庭审中，控辩双方对被告人应适用的量刑幅度、基准刑、量刑情节等在法定范围内各陈己见，经过控辩双方的量刑辩论，肯定会基本达成一种“平衡状态”，这种“平衡状态”就是法官行使自由裁量权的“参照物”。可见，将“量刑纳入庭审程序”，不仅具有程序方面的价值，也为法院从实体上依法准确量刑提供了有参照价值的“量刑基准”，以便让被告人和旁听群众预测法院将会作出什么样的刑罚决定，增强了“公正感”。过去，理论和实践大多数都是从实体法的角度加以探索，较少从量刑程序角度进行探讨。这种“实体措施”式量刑改革或许可以减少法官的恣意，但无法充分彰显量刑的“公正感”，这也是美国为何有了被许多国家争相模仿的《量刑指南》，可还是少不了量刑听证、量刑调查等程序的原因之一。

【延伸阅读】

量刑纳入庭审范围的程序化改造[①]

程序不是量刑正义的障碍，恰恰是体现量刑正义的渠道，司法的正义不仅是实体的正义，关键是通过程序的正义来实现实体的正义，我们不能仅仅将量刑的正义寄希望于法官的正义"人格"与外部的某个"公式"上；量刑也不仅仅是对罪犯的惩罚，而是在保障罪犯人权基础上对罪犯进行理性的惩罚，在缺乏程序制约下的量刑必然会滑向缺乏理性的惩罚。

针对我国目前量刑实践的现状，理性的量刑庭审审理程序必须遵循以下几个基本原则：

1. 坚持量刑公开原则。从前述可知，目前的弊病之一在于，量刑

① 整理自陈增宝：《构建量刑程序的理性思考——以"人权保障"为视角的探讨》，载《法治研究》2008 年第 1 期。目前，随着司法改革的深入开展，量刑纳入庭审范围的程序化改造已经取得了突破性的进展，文中有关量刑建议等不少观点或意见建议已被相关改革实践吸收。为规范量刑程序，促进量刑活动的公开、公正，2010 年最高人民法院、最高人民检察院联合制定规范性文件探索量刑规范化改革，全国检察机关也全面推行量刑建议工作，逐步提高量刑建议的规范化水平，不断积累量刑建议工作的经验。2014 年以来，全国部分城市先后开展了刑事案件速裁程序和认罪认罚从宽制度试点改革，引入量刑建议的合意机制，量刑建议的价值和功能进一步凸显。2018 年《刑事诉讼法》在第三次修正过程中充分吸纳了刑事案件速裁程序和认罪认罚从宽制度试点的内容，从立法层面明确了检察机关量刑建议的地位和作用。虽然此文写作时间较早，但其中有关量刑建议、量刑纳入庭审范围的程序化改造原理的阐述仍然具有现实指导意义，故作为延伸阅读材料编入本书，以供参考。

结论的形成透明度不高，量刑中存在封闭操作的状况，导致被告人对自己的命运事前无法预测，进而影响量刑公正的实现。而程序公开是被告人一项基本人权。笔者认为，如何让法院的量刑判决全方位地透明公开，促进量刑从“暗”走向“明”、以量刑公开促进量刑公正，是量刑改革需要重点考虑的问题之一，也是建构量刑程序必须首先坚持的原则。

2. 坚持量刑辩论原则。笔者认为，从人权保障和程序正义的本质要求看，仅仅把量刑公开作为目标是远远不够的。因为，程序正义的最基本要求是：与诉讼结果有利害关系或者可能因该结果蒙受不利影响的人，都有机会参与到诉讼中，并得到提出有利于自己的主张和证据以及反驳对方提出的主张和证据的机会。[①] 因此，如何在量刑过程中，让被告人、被害人以及代表国家利益的公诉人参与量刑并通过庭审程序中的法庭举证、质证、辩论等刑事诉讼活动多方影响量刑，增强量刑结果的可预测性以及量刑过程的参与性、对抗性、论辩性，形成一种多方参与的商谈化的量刑局面，则是量刑程序建构的又一重要目标和原则。

3. 坚持程序保障原则。能否保持动态量刑的高效运作从而得出合理公正的最优的量刑结论，是检验刑事审判质量的重要标准之一。然而，究竟如何使量刑做到公正，却一直是个难题。因此，一般都认为，量刑公正虽然为实质公正，但是必要的程序具有独立的价值，程序是实现量刑公正的重要保障，故笔者认为，程序的设计是为了保障量刑

① 参见宋英辉主编：《刑事诉讼原理》，法律出版社 2003 年版，第 41 页。

公正目标的实现。关于公正之程序保障的意义，理论界已有不少说明。从量刑公正的角度来看，我们可以从两方面理解和把握程序保障的意义：一方面，通过程序来保障被告人、被害人的合法权益，以及维护刑法的实施；另一方面，又保障诉讼、审判本身的正当性，或者说是保障法官的审判活动以及作出的决定本身的正当性。

为了扭转重定罪轻量刑的不良倾向，有必要将定罪量刑的程序实行分离，建立专门的量刑程序。基本的设想是：刑事案件诉至法院以后，法院先就定罪问题进行开庭，然后休庭进行评议，在确定被告人有罪以及具体罪名的情况下，将定罪结果告知控辩双方以及被告人，给予合理的时间准备后，再就量刑问题进行第二次开庭，专门解决量刑问题。

第三讲

庭审的结构与原则

——法官的诉讼角色与行为规范

法官的职业角色，是指与法官的特殊法律地位、职业身份相一致的一整套权利、义务、责任规范与行为模式，它是人民群众对具有法官身份的人的行为期待，具有社会互动性、规定性、示范性等特点。同时，也可以将法官的职业角色考虑为法官完整、理想人格的一个侧面，法官自身可以按照角色的规定性就像在社会生活中学习各种习惯和掌握各种品质特性一样学习他的诉讼角色。在中外司法理论与实践中，由于对庭审的结构与原则存在不同的理解和把握，导致对法官的角色诠释与规范要求也存在差异。因此，合理地界定庭审的结构和原则对于准确塑造法官的诉讼角色与行为规范具有重要意义。

刑事诉讼的进行依赖于控诉、辩护、审判三种职能交互作用、相辅相成，来共同推动。无论是职权主义模式还是当事人主义模式，就庭审的基本构造来说，都呈现出“控、辩、审”这“三方组合”的形式。

司法公正的实现和裁判的形成，最终都应以事实与规范的“公正”匹配为最高境界。亦即，经由逻辑推理过程的裁判结论的获得，应以法官认定的案件事实与裁判规范已形成最佳匹配为前提。

专题一　庭审的结构

庭审要有效而正当地发挥其功能，实现其价值目标，有赖于结构及其运作的合理性，而结构又是运作的基础。

一、两大法系的不同结构

由于历史传统、社会政治文化及法制背景的差异，各国的庭审结构有别。以两大法系的刑事庭审活动为例，英美法系国家采取对抗式的当事人主义庭审结构，而大陆法系国家大多采用审问式的职权主义庭审结构。

（一）对抗式：当事人主义庭审结构

所谓当事人主义庭审结构，又称对抗式结构，是指控辩双方作为平等对抗的诉讼主体进行诉讼活动，法官（包括陪审团）处于居中公断地位的一种庭审结构。对抗式庭审结构的最基本要求是控辩平等，其本质是“控辩制衡对抗，法官居中裁判”，正如有的学者所言“对抗制的精义不在于对抗，而在于平等，对抗只是诉讼之形，平等才是诉讼之神”。当事人主义庭审中，控辩双方诉讼地位平等，并就诉讼主张和证据展开诉讼攻防活动，法官消极居中裁判，一般不干预控辩双方的活动，尽可能地不发言或少发言，而只是耐心地、冷静地听取双方当事人的意见，因此被称为“沉默的法官，争斗的当事人”。可以说，

“沉默的法官，争斗的当事人”已成为英美法系有别于大陆法系国家和地区庭审的典型特征。这种对抗制庭审结构的优点在于，能够充分调动和发挥控辩双方的积极性，使双方积极进行进攻，而法官不过分介入双方争议，有利于作出冷静客观的判断，促进诉讼民主化。但其缺陷也较为明显，主要在于诉讼的发动、继续和发展高度依赖于当事人，诉讼过程由当事人主导，法官仅处于消极的中立的裁判者地位，而当事人要负责证据的调查、准备、提出和证据价值的陈述工作。实践中，由于法官不能在当事人指明的证据范围以外依职权主动收集证据，极易使诉讼演变成一种纯粹的竞技比赛，甚至是一种争斗，不利于案件事实真相的发现与查明，从而影响司法公正的实现。

需要指出的是，英美法的当事人主义与陪审制度有着较为密切的联系，美国宪法的起草者曾强调通过陪审制限制法官的权力，许多证据规则也是专为陪审制度而适用的。尤其是在当事人主义诉讼模式中，律师的辩论就显得非常重要。在司法实践中，由于案件的事实可能是由陪审团审理的，因此当事人委托律师通过辩论来尽量打动陪审员，往往也就显得格外重要。在实际诉讼过程中，是否提出证据、提出何种证据，庭审时间的长短等，一般都由律师来掌握。正如美国学者杰克伯所指出的：“与法院的被动性形成对比的是律师的主动性。律师们才控制着美国司法审判的过程。只有他们负责对法庭案件的调查，并向法庭提供他们认为相关的证据。他们决定不向法院提供的情况，法院和陪审团就不会得到。律师还控制着诉讼的步调，如果他们的当事人和他们自身的利益要求他们尽快作出决定，他们会使整个诉讼过程变得很迅速；反之，如果他们放慢诉讼过程的话，他们也可以使整个诉讼变得像蜗牛爬坡一样缓慢。几乎开庭过程的每一个方面都反映律师的倾向，虽然法官穿着代表国家权威的长袍，但事实上他们在美国的法庭上常常成了律师策略下的人质。”

（二）审问式：职权主义庭审结构

所谓职权主义结构，又称审问式结构，是指法官在庭审中处于主导地位，积极负责查明案件事实而形成的庭审结构。在职权主义诉讼模式中，控辩双方居于从属地位，法官是庭审的核心，指挥庭审并对庭审进行起着主导作用，法官直接决定案件审理的范围和方式、主动讯问被告人、询问证人，必要时可直接调查收集证据，判决不局限于当事人的诉讼请求，法官成了审判过程中“最忙的人”。

以德国的诉讼模式为例，我们不难发现两大法系的区别。在德国，没有采取陪审团制，而实行由法官主导审判、陪审员与法官共同审案的诉讼模式。在庭审过程中，通常不是由法官进行案件阐述，并就案涉法律问题或事实问题的争议焦点向当事人作出阐述，听取当事人及其律师的意见，在案情阐述完毕后庭审进入证明阶段，这一过程称为证据调查。证据调查的过程，通常是法官为了对案件的争议事实与法律适用作出判断而收集资料形成心证的过程。在证据调查中，法官对那些没有争议的问题可不纳入证据调查的范围，可以要求证人就那些争议的问题作出阐述，对没有争议的问题不必提及。法官也可以不考虑当事人的举证而自己直接聘请证人进行调查，有权随时询问当事人和证人。在庭审过程中，法官还可以命令当事人对案件的重要事实作出充分且适当的陈述，就案件的情况及争议的情况与当事人进行讨论。这些内容，无不显示法官成为庭审中“最忙碌的人”。

需要言明的是，两大法系的诉讼模式目前正出现一种不断融合、相互靠拢的趋势。其中，日本和意大利在民事诉讼模式的融合方面作出了成功的尝试。“二战”以前，日本以德国为宗，学习德国的民事诉讼法，成为大陆法系国家的一个分支。“二战”后，日本实行了新宪法，改采美国法制，使其民事司法制度发生了重大变化。这种变化的主要特征便是两大法系国家民事诉讼制度某些特征的互渗互透、相互融合。比如，一方面弱化了法院在指挥诉讼时的专断职权，另一方面，又强化了当事人的辩论主义原则，同时还废除了庭前法官调查取证和对证据进行审查的程序，防止法官先入为主。在证据收集方面，意大利的法官虽然有一定的指挥权，但其法律依然以保护当事人的处分权为原则。1942 年的《意大利民事诉讼法》和 1950 年的修正案在很大程度上使人们告别了“古典性质的法官”，带来了尊重当事人权益的原则，被称为混合式诉讼模式。

长期以来，我国刑事审判实践中，受 1979 年《刑事诉讼法》所确立的刑事诉讼结构影响，庭审中一直呈现出浓厚的超职权主义色彩，甚至被学者称为“纠问式”的庭审方式。近年来，随着审判方式改革的深入推进，刑事诉讼呈现出重大转型发展态势，庭审结构从审问式向控辩式的转型取得突破性进展，但也应当清醒地意识到，目前庭审中尚没有完全确认与坚持控辩式庭审结构的相关规则，有时控方权力仍过于集中，控辩平等的价值基础似乎还有待进一步夯实。这种庭审结构在我国今后的刑事诉讼实践中仍需要不断地改革与完善。

二、庭审的基本构造："三方组合"式

刑事诉讼的进行依赖于控诉、辩护、审判三种职能交互作用、相辅相成来共同推动。无论是职权主义模式还是当事人主义模式，就庭审的基本构造来说，都呈现出"控、辩、审"这"三方组合"的形式。

（一）控

在刑事庭审中，控方是控诉方，即向法院控诉犯罪嫌疑人罪行的一方，通常是人民检察院。在自诉案件中，也可以是被害人。在公诉案件中，检察机关代表国家向人民法院就追究犯罪嫌疑人犯罪行为提起公诉。所谓公诉人，就是指不用当事人而是由国家司法机关直接提起诉讼，由人民检察院的司法人员担任诉讼的人。公诉人的主要职责是对人民检察院提起公诉的案件，代表本院以国家公诉人的身份，出席法庭支持公诉，进一步阐述公诉机关的指控意见，并通过举证、质证和辩论，使合议庭确认公诉机关对被告人的指控，依法宣判被告人有罪并处以相应的刑罚，公诉人还肩负着监督法庭审理案件有无违反法律规定的重要职责。出庭支持公诉的成败，不仅关系到能否使被告人认罪服法，实现公诉的法律效果，而且直接关系到检察机关的形象和声誉，也就是说，能否通过支持公诉达到一定的社会效果，使旁听群众受到法律教育，树立人民检察院在群众心目中的崇高威信。因此，实践中，公诉工作既是一门充满斗争艺术的工作，更是检察机关的门面，公诉人在某种程度上就是检察机关的形象代言人。

（二）辩

庭审中，辩方是为被告人辩护的一方，可以是律师、其他辩护人，

也包括被告人本人。在刑事诉讼中，辩护是犯罪嫌疑人、被告人最基本的一项诉权。所谓辩护权，是指法律赋予犯罪嫌疑人、被告人根据事实和法律，针对指控、起诉进行申述、辩解和反驳，提出证明自己无罪或者罪轻的材料和意见，维护自己合法权益的诉讼权利。根据我国《刑事诉讼法》的规定，犯罪嫌疑人、被告人除自己行使辩护权以外，还可以委托一至二人作为辩护人。这种辩护权的设立和行使，其任务和目的是反驳控诉，根据事实和法律，提出有利于犯罪嫌疑人、被告人的材料和意见，论证犯罪嫌疑人无罪、罪轻或者应当从轻、减轻、免除处罚。辩护贯穿于诉讼整个过程，自刑事诉讼启动时起至审判结束之前，不仅可以自行行使辩护权，还可以委托律师或者其他辩护人进行辩护，对侦控机关的控诉进行反驳和辩解，以维护自己的合法权益，有效地行使自己在刑事诉讼中的各项诉讼权利。辩方的职责是反驳对方的诉讼请求不合法。实践中，辩护权具体表现形式主要有以下几种：

1. 陈述权

所谓陈述权，是指当法庭对被告人进行讯问时，法律赋予被告人当庭陈述和辩解的机会。

2. 辩论权

所谓辩论权，是指刑事被告人享有的就案件事实、证据的证明力、定罪、量刑、程序以及适用法律等问题与控方进行辩论的权利。在法庭辩论阶段，在公诉人发表公诉词以后，应当先由被告人先自行辩护，然后由辩护人发表辩护意见，这是充分尊重被告人辩论权的体现。

3. 选任辩护人权

所谓选任辩护人权，是指犯罪嫌疑人、被告人有权选任辩护人为自己提供法律帮助，进行辩护。实践中，被告人亲友代替其委托的辩护人，需要征得被告人本人同意，才能担任被告人的辩护人。

4. 调查证据申请权

所谓调查证据申请权，是指刑事被告人可以申请法院调取新的物证、通知新的证人、鉴定人到庭作证的权利。

5. 对质权

所谓对质权，是指被告人在刑事庭审中享有的与证人、鉴定人、其他被告人当面质问或发问、反复辩论的权利。

（三）审

审判是指人民法院依法定程序对来源于人民检察院的公诉案件或者自诉人自诉的案件进行审理并判决的一项活动。根据我国《人民法院组织法》和其他法律的规定，人民法院开庭审理案件通常以独任庭或合议庭的形式进行。其中，独任庭是由审判员一人审判简易案件的组织形式。合议庭是指由三名以上审判员或者审判员和人民陪审员集体审判案件的组织形式。人民法院对第一审刑事、民事纠纷案件，除一部分简易案件实行独任审判外，其余的案件都由审判员三人组成合议庭进行审判；第一审行政案件一律由合议庭审判；第二审案件、再审案件和死刑复核案件全部由合议庭审判。合议庭是人民法院审判案件的基本审判组织，其成员不是固定不变的，而是临时组成的，由院长或者庭长指定审判员一人担任审判长。院长或庭长参加审判案件的时候则自己担任审判长。合议庭评议案件时，如果意见分歧，应当少数服从多数，但是少数人的意见应当记入评议笔录，由合议庭的组成人员签名。

在法庭辩论中，由于控辩双方出于己方利益或立场的考虑，其论证可能带有一定偏见性，尤其是举证时往往只举出对自己有利的证据；而审方应当尽量根据诉讼程序洞察到这些偏见，并尽量消除这些偏见，以求得公正地判决，作出一个法律上具有说服力的法律论证。从“控、辩、审”三方组合的形式来看，控方和辩方分别代表论辩对话模式中的证明方和反驳方，而审方则代表了论辩对话中的裁判。

三、法官的诉讼角色：“居于其间、踞于其上”的裁判者

从上述分析可见，无论是职权主义模式还是当事人主义模式，就庭审的基本构造来说，都呈现出“控、辩、审”这“三方组合”的形式，而法官的诉讼角色则是“居于其间、踞于其上”的裁判者，由此形成一个等腰正三角结构。

（一）形成等腰正三角结构

长期以来，我国刑事诉讼法对司法职权的配置基本上遵循一种首尾相连的划分模式，奉行“卷宗主义”。2014 年 10 月 23 日，党的十八届四中全会《中共中央关于全面推进依法治国若干重大问题的决定》明确提出，要“推进以审判为中心的诉讼制度改革，确保侦查、审查起诉的案件事实证据经得起法律的检验”。这一表述实际上从顶层设计的角度指出，今后我国的刑事司法改革应围绕“以审判为中心”这一总体目标展开。“以审判为中心”实质上就是从宏观顶层层面提出

的改革要求，它面向的是刑事诉讼构造革新，其目的就是改革现行线型诉讼构造，努力形成控、辩、审“三角形”的诉讼结构，切实发挥审判程序应有的制约、把关作用，确保侦查、审查起诉的案件事实证据经得起法律的检验。

（二）蕴含诉讼程序的基本法理

根据诉讼程序的一般法理，诉讼程序自然是“按照公正而有效地对具体纠纷进行事后的和个别的处理这一轴心而布置的”，具有规范性、对话性、程序结果的确定性等特征。所谓“对话性”，是指诉讼程序主体之间的信息交流和沟通。主体之间的对话既包括当事人之间以辩驳形式进行的横向对话，也包括法院与当事人之间以讨论形式展开的纵向对话。为了保证对话的合理性，诉讼程序在设计上应维持当事人之间地位的平等性和竞争性，以及法院与当事人之间的对立性和统一性。当事人通过辩驳来说服法官作出有利于自己的裁判，法官则在此基础上通过判决理由说服当事人各方、上级法院和社会大众。刑事诉讼程序是指国家司法机关在当事人和其他诉讼参与人的参加下，解决犯罪嫌疑人或被告人是否犯罪和应否受刑事惩罚的活动以及由此发生的关系。虽刑事诉讼在实行国家刑罚权之中，也寓有保障人权之意。在传统的卷宗主义审判方式下，公诉方通过宣读案卷笔录来主导和控制法庭调查过程，法庭通过对案卷笔录的审查和确认程序而得出审判结果。而审判中心主义背景下形成的控、辩、审“三角形”的诉讼结构，有利于更加有力地发挥审判程序对侦查、审查起诉的制约、把关作用，确保侦查、审查起诉的案件事实证据经得起法律的检验。这对于防范冤错案件，加强司法人权保障，维护刑事司法公正，无疑具有十分重大的现实意义。

（三）体现程序公正的基本要求

庭审的基本结构体现了程序公正的诉讼理念和基本要求。从程序公正观念的历史来看，程序公正根植于古罗马时代的“自然正义”（natural justice），近代和现代程序公正观念肇端于英国，其思想体系可追溯到1216年制定的《英国大宪章》第39条：“除依据国法（the law of the land）之外，任何自由民不受监禁人身、侵占财产、剥夺公民权流放及其他任何形式的惩罚，也不受公众攻击和驱逐。”该条内含的正当程序（due process）思想成为程序正义观念的最初来源。正当程序的概念最早出现于1354年爱德华三世的时代。这一概念的本意是指刑事诉讼必须采用正式的起诉方式，并保障被告人接受陪审裁判的权利，后来扩大了其适用范围，即凡是剥夺某种个人利益时必须保障他享有被告知权、陈述权和倾听的权利，进而形成为英美法中人权保障的根本原则。程序正义理论研究的集大成者是美国学者约翰·罗尔斯。1971年，他出版了著名的《正义论》一书。该书提出并分析了程序正义的三种模式：纯粹的程序正义、完善的程序正义和不完善的程序正义。所谓完善的程序公正（perfect procedural justice），是指在程序之外存在着决定结果是否合乎正义的某种标准，且同时也存在着使满足这个标准的结果得以实现的程序这样的情况。在完善的程序公正的场合，虽然存在关于结果是否正当的独立标准，但程序总是导致正当的结果。其典型事例是蛋糕等分问题，只要设定了切蛋糕的人最后领取自己应得的一份这样的程序，就能够保证均分结果的实现。罗尔斯指出，完善的程序公正有两个特征:“首先，对什么是公平的分配有一个独立的标准，一个脱离随后要进行的程序来确定并先于它的标准。其次，设计一种保证达到预期结果的程序是有可能的。”可见，完善的程序公正具有两个关键要素，即独立的结果公正标准和保证结果公正的程序。[①]

美国学者戈尔丁提出的程序公正九项标准，值得借鉴:(1)任何人不能作为有关自己案件的法官;(2)结果中不应包含纠纷解决者个人的利益;(3)纠纷解决者不应有支持或反对某一方的偏见;(4)对各方当事人的意见均给予公平的关注;(5)纠纷解决者应听取双方的辩论和证据;(6)纠纷解决者只应在另一方当事人在场的情况下听取对方的意见;(7)各方当事人应得到公平机会来对另一方提出的辩论和证据作出反应;(8)解决的诸项内容需以理性推演为依据;(9)分析推理应建立于当事人作出的辩论和提出的证据之上。[②]现逐一分析如下:

1. 任何人不能作为有关自己案件的法官

在程序公正的诸多标准中，裁判者的中立性是最为重要的。“任何人不能做有关自己案件的法官”，这是法官中立最基本的要求。意思就是说，法官在诉讼中不能含有自己或者家属、朋友的利益，法官必须是理性的而且是超然的。早在罗马法时代，人们就以“自然正义”法则来衡量司法程序的正当性，而这种法则的首项要求就是“任何人都

① 参见[美]罗尔斯:《正义论》，何怀宏等译，中国社会科学出版社 1988 年版，第 82 页。

② [美]马丁·P. 戈尔丁:《法律哲学》，齐海滨译，生活·读书·新知三联书店 1987 年版，第 240 页。

不得做自己案件的法官”。实践中，法官的中立性则需要回避制度和变更管辖制度等制度规则加以保障。其中，任职回避制度是国内外通行的做法，其目的就是尽量避免在判案时受到利益、情感等非理性因素的影响，保证法官保持中立无偏的地位。思想政治教育和职业道德在控制法官情感等非理性因素对司法的消极影响方面固然有着极其重要的作用，但强调司法自觉的同时，更应当注重相应的法律程序和制度保障，通过“制度因素”和“人的因素”的统筹兼顾，确保司法公正的有效实现。

我国《刑事诉讼法》对回避的理由作出了明确的规定。其中司法人员属于本案的当事人或者是当事人的近亲属的情形，应当予以回避。审判人员、检察人员、侦查人员等如果本身就是本案的犯罪嫌疑人、被告人、被害人或其他当事人，那么他们的实体利益和诉讼目标就会与其所担当的诉讼角色发生激烈的冲突，他们极可能会从维护自身利益的角度进行诉讼活动，以至于难以使各方当事人受到公正的对待，也难以对案件作出公正客观的处理。同样，这些人员如果是某一方当事人的近亲属，也很可能出于亲情而对该当事人予以偏袒，或使其他当事人受到歧视性待遇，以至于影响诉讼的公正性。实践中，即使法官事实上没有偏袒一方当事人，能够公正无私地审判案件，但只要他们与案件当事人存有上述关系，司法的公正性就会受到其他当事人乃至社会公众的怀疑。因此，具备这种情形的司法人员应当回避。

2.结果中不应包含纠纷解决者个人的利益

“结果中不应包含纠纷解决者的个人利益”，这条标准实质上与“任何人不得作为自己案件的法官”相类似，本质上是一致的。如果审判人员本人或者他们的近亲属与本案有着某种利害关系，案件的处理结果会直接影响他们及其近亲属的利益，那么再由他们主持或参与诉讼活动，就可能使案件得不到公正客观的处理，实质上相当于“作为自己案件的法官”，显然违背了程序公正中法官中立的最基本要求。因此，具备这一情形的公安司法人员应当回避。

根据《刑事诉讼法》的规定，如果法官违反规定会见当事人及其委托人或接受其请客送礼的，也应当予以回避，意思也就差不多。根据该规定，审判人员一旦接受当事人及其委托人的“请客送礼”，本质上相当于在案件处理中掺杂了个人利益，应当构成回避的理由。为严格这一规定的执行，2000 年 2 月《最高人民法院关于审判人员严格执行回避制度的若干规定》第 2 条进一步规定，审判人员具有下列情形之一的，当事人及其法定代理人有权要求回避：

（1）未经批准，私下会见本案一方当事人及其代理人、辩护人的；

（2）为本案当事人推荐、介绍代理人、辩护人，或者为律师、其他人员介绍办理该案件的；

（3）接受本案当事人及其委托的人的财物、其他利益，或者要求当事人及其委托的人报销费用的；

（4）接受本案当事人及其委托的人的宴请，或者参加由其支付费用的各项活动的；

（5）向本案当事人及其委托的人借款、借用交通工具、通讯工具或者其他物品，或者接受当事人及其委托的人购买商品、装修住房以及其他方面给予的好处的。

2011 年 6 月印发的《最高人民法院关于审判人员在诉讼活动中

执行回避制度若干问题的规定》第1条规定，审判人员具有下列情形之一的应当自行回避，当事人及其代理人有权以口头或者书面形式申请其回避：（1）是本案的当事人或者与当事人有近亲属关系的；（2）本人或者近亲属与本案有利害关系的；（3）担任过本案的证人、翻译人员、鉴定人、勘验人、诉讼代理人、辩护人的；（4）与本案的诉讼代理人、辩护人有夫妻、父母、子女或者兄弟姐妹关系的；（5）与本案当事人之间存在其他利害关系，可能影响案件公正审理的。同时，该规定对《最高人民法院印发〈关于审判人员严格执行回避制度的若干规定〉的通知》（法发〔2000〕5号）予以废止。

3. 纠纷解决者不应有支持或反对某一方的偏见

偏见，有的称为前理解、前结构、先见。一般都认为，观察取决于观察者的理论前见，解释受制于解释者的解释模式。从人性的角度探索，偏见与人自私的本性有关。即人很难站在别人的立场，或公正的立场看问题。由这种“自私本性”所决定的“自我本位”意识可能形成某种偏见。从哲学角度而言，偏见是一种本体性的存在。心理学有关偏见的研究与解释学提出的“一切理解都受制于前结构”，“理论先于观察”不谋而合，所以，德国哲学家伽达默尔的“偏见是理解的前见”似乎定下了人类的宿命。诉讼参与者的“前理解”就是在阅卷、开庭审理事实、理解和发现法条时的全部前提条件，包括经验的、思想的、心理的、思维的等因素，主体的“前理解”和审判预断影响了主体对事实、法条和社会的理解，最终影响到法律判断。法官作为纠纷解决者不应有支持或反对某一方的偏见，而要充分发挥自己的司法前理解，不要以“先入之见”甚至“传统偏见”来约束自己。

法治的原则不仅要求一致地和非专断地适用法律，而且要求关于事实的形成存在一致性，也即事实的认定应当是基于某些共同的关于世界的运行方式的理解而作出。事实审理者作出事实认定，在于确定究竟发生过什么。可靠性与审判的公正性是相互依存的。公正审判的基本要求不仅应当赋予参与者为案件处理全面提供信息、提出自己意见以及被听取的机会，而且必须做到裁判是基于可靠的证据而作出。审判程序应当力图说服诉讼参与者和社会公众，裁判形成的内在过程中已经全面考虑了对于决定“发生过什么”所必需的相关信息，判决既是对证据的体现，也是法官以合理人的知识、经验对自己参与事实形成的个人偏见、动机和情绪等非理性因素保持合理警觉的结果。

4. 对各方当事人的意见均给予公平的关注

案件事实并非司法者拿着一面镜子照向现实而得出的结果。但这并不意味着司法者在指导思想上可以放松对事实发现尽自己最大努力和诚意，或对事实进行冒险认定。事实上，认定的案件事实越接近于原初事实、其偏差越小，说明诉讼程序对事实认知功能越强，司法的精准度、公正度和公信度自然就越高。这离不开对法官审理工作的常识性审查和证据规则等程序制约的合力支撑。

就刑事诉讼来说，当下最重要的一项工作无疑就是必须全力推进以审判为中心的诉讼制度改革。庭审中，法官对各方的意见是否予以公平关注，则是各方当事人能否对法官形成公正感的关键，也是程序公正的重要体现。

5. 纠纷解决者应听取双方的辩论和证据

法官作为纠纷解决者，不仅要公平、耐心地关注双方当事人，而且要进一步耐心倾听双方的辩论和证据。当前形势下，必须更加全面地理解和把握“以审判为中心”的科学内涵，大力推进庭审实质化，使庭审成为解决案件问题的主要场所。这就意味着法院、公安、检察、辩护律师要形成整体合力，共同为案件的解决提供法律答案；意味着要贯彻中立裁判和直接言词原则，充分体现控辩平等，努力让庭审成为诉讼参与人参与诉讼活动、行使诉讼权利的主要场所，保证庭审在查明事实、认定证据、保护诉权、公正裁判中发挥决定性作用。

其中，法庭辩论是在法庭审理过程中，公诉人、被害人或其诉讼代理人、被告人、辩护人围绕犯罪事实能否认定、被告人是否实施了犯罪行为、是否应负刑事责任、应负什么样的刑事责任等问题，对证据和案件情况发表各自的意见，相互进行辩论，在法庭调查和各方充分发表自己对整个犯罪事实、情节、每个证据的证明力等的意见的基础上，对双方争论的焦点问题，作进一步的辩论。作为法官，应当充分听取控辩双方就起诉书中陈述的相关事实、证据、定性量刑以及法律适用等问题所提的辩论意见。

6. 纠纷解决者只应在另一方当事人在场的情况下听取对方的意见

双方在场原则是程序公正的重要体现。法官作为纠纷解决者，只应在另一方当事人在场的情况下听取对方的意见，起到主动接受监督、公平对待、消除合理怀疑等积极作用。与双方在场原则相关联的制度就是禁止法官单方接触制度。禁止法官单方接触不仅是一项重要的诉讼原则，也是法官行为准则的重要内容之一。其中，最高人民法院、最高人民检察院、公安部、国家安全部、司法部于 2015 年 9 月联合印发的《关于进一步规范司法人员与当事人、律师、特殊关系人、中介组织接触交往行为的若干规定》明确要求，司法人员在案件办理过程中，应当在工作场所、工作时间接触当事人、律师、特殊关系人、中介组织。不少地方司法机关出台法官业外活动指引，对法官与律师的交往加以约束、规范。这不仅体现了司法中立原则，而且给法官公正审判创造了宁静空间。

7. 各方当事人应得到公平机会来对另一方提出的辩论和证据作出反应

各方当事人应得到公平机会来对另一方提出的辩论和证据作出反应，主要体现在以下几个方面：

（1）庭前获得“公平机会”。在庭前，一方当事人提出证据或诉求之后，法官应当将有关证据或诉讼请求转达另一方当事人，双方进行证据交换、相互答辩，防止在庭上进行“证据突袭”。所谓答辩，是指民事（包括刑事附带的民事）、行政案件的被告人或被上诉人，针对原告人或上诉人向人民法院递交的起诉状或上诉状中提出的问题，依据事实和法律所进行的辩驳。被告人和被上诉人提出答辩，这是民事和行政诉讼中的必经程序，也是一项重要的诉讼权利。人民法院应当保证他们能正确地行使这一权利，使当事人在诉讼中权利平等。证据交换是指庭审前双方当事人在法官的主持下交流案件的事实和证据方面的信息。实践中，证据交换制度使当事人双方能够在开庭审理时彼此了解对方的证据，也便于法院对双方争议的焦点和证据问题进行整理，从而促进审理效率的提高。

（2）庭审中获得“公平机会”。在庭审中，双方当事人应得到公平机会来对另一方提出的辩论和证据进行答辩、质证和相互辩论。这种公平性既体现在发言的次数上，也体现在发言的时间上；既体现在法庭辩论环节上，也体现在法庭调查环节的举证、质证上。实践中，有的庭审中让公诉人、检察官长篇大论地发表公诉词、出庭意见，而擅自打断被告人或辩护人的辩护。有的让公诉人、检察员进行多轮发言，而对辩方则限制时间、次数。这些无疑都是损害控辩平等、影响程序公正的重要表现，务必引以为戒。

（3）庭审后获得“公平机会”。庭审之后，法官应当对控辩双方的证据以及辩论意见进行公平的分析、评议，并作出采纳与否的裁判结论。在裁判文书撰写过程中，应当全面分析双方的证据和意见情况，强化裁判文书说理。

8. 解决的诸项内容应以理性推演为依据

法治的优点之一在于确定性、稳定性，借助规范形式表达，具有明确性，不受人的主观影响，是最高的理性权威。法律适用的确定性，主要表现在对于相同或者类似的行为或事件，应该作出相同的或者类似的裁判。司法判断过程是一个法官进行理性选择的过程，法官裁判的诸项内容应以理性推演为依据。在刑事案件中，待决的生活事件被赋予适合于法律适用的语言形式，在侦查与公诉阶段就已开始甚至已经完成了。法官以此为工作前提，尝试将事实行为与规范联系在一起，直到找到合适的规范为止。但是当找到规范后，如何将抽象的规范具体化为个案结论呢？一般需要借助于规范本身的逻辑结果进行理性推演才能产生法效果。因为一个完全的规范在逻辑上意指：只要构成要件T在某具体案件事实S中被实现，对S就赋予法效果R。[1]假使特定案件事实S在逻辑上看来是T的一个“事例”，就可以认定：构成要件T已经在S中被实现。因此，如果要知道对某案件事实应赋予如何的法效果，就必须审查，是否应视此案件为构成要件T的一个事例，而因此可归属其下。笔者认为，在刑法领域，罪刑法定的理性精神是不可动摇的，所以依靠规范本身的逻辑结构来型构定罪思维具有形式稳定的功效。不管是理论还是实践，借助逻辑的理性方法得出裁判结论还是被认为是最主要的。当事实与规范呈最佳匹配状态时，也需要再借助逻辑三段论的运作，才能使裁判结论更有说服力。

9. 分析推理应建立于当事人作出的辩论和提出的证据之上

根据法律现实主义和法律心理学的考察，“大前提+小前提=司法判决”这样简明的司法公式，更多地只存在于理论分析和简单案件当中，而大量的重大复杂疑难案件的裁判形成过程，要远比纯粹的逻辑推理复杂得多。从实际情况来看，在疑难案件处理过程中，逻辑三段论运作之前的关键在于法律推理大小前提的正确形成和有效获取。司法实践中，如何客观公正地审查认定案件事实、准确地理解和适用法律，尤其是作为大前提的“法律规范”对作为小前提的“案件事实”之匹配（有的学者称之为“涵摄”）关系的确认是逻辑推理的前提和基础，这也是检验法官司法经验和职业良知的关键环节。其中，最主要的一条就是分析推理应当建立在当事人作出的辩论和提出的证据之上。

（1）司法裁判事实应当最大限度地接近客观事实，力求“以事实

① 参见［德］卡尔·拉伦茨：《法学方法论》，陈爱娥译，商务印书馆2003年版，第149~152页。

为根据”。案件是发生在过去的故事。从哲学上看，过去的客观事实是不可再现的，尤其是对具体案件来说，因为人的认知能力的局限性、司法资源的有限性以及出于司法效率的追求等多方面的原因，事实的建构必然具有“层层限缩”“屡屡失真”的特点，要使建构出来的案件事实符合客观事实，更是难上加难。但是，法庭是实现正义的场所，完全或较大程度地偏离客观事实的审判必将使正义的实现失去基础，出于正义的追求，法官仍然不能放弃对客观事实的发现的努力。我们虽然不能完全再现真实，但可以通过制度的设计和发挥人的主观能动性，使建构出来的案件事实最大限度地接近客观真实。因此可以说，一个好的裁判必然是与客观事实最接近的裁判。

（2）裁判形成应当严格依照实体法和程序法，坚持“以法律为准绳”。法律是人民意志和根本利益的集中反映和表现，对全社会都有约束力。我们评价一个裁判是否达到公正或最佳的程度，关键在于审查其是否是依法作出的判决。裁判的形成与作出严格符合法律的现有规定，这是法治的基本要求。所谓判决以法律为准绳，就是要求判决要以法律为依据、符合法律规定。裁判适用的法律规范既包括实体法律规范和程序法律规范，两者相互依存，又彼此可分，具有各自独立的判断价值。最佳裁判的形成必须遵循程序正义原则，在程序上平等对待诉讼双方，平等保护和分配双方的诉讼权利和诉讼义务，法官居中独立作出裁判，做到不偏不倚。我们评价一个裁判是否达到了最佳裁判的程度，则可以从程序适用的角度检验裁判是否符合法定程序，有否违反程序，是否充分听取当事人的辩论和证据意见，是否严格按照正当程序作为裁判标准。

司法审判程序应当力图说服诉讼参与者和社会公众，裁判形成的内在过程中已经全面、充分考虑了对于决定“发生过什么”所必需的相关事实信息。在司法程序展开的各个环节，司法者必须为案件双方当事人提供充分表达自己意见和理由的机会，让公正看得见、可预测、能感受。特别是推进以审判为中心的诉讼制度改革，通过庭审程序的有效运作，推进双方当事人充分质辩，有助于让司法者更全面地了解案情、准确认定事实以及更加全面地认识社会公众的价值理念，从而有利于限制法官个体自身价值判断的空间、克服认知偏见，使裁判规范能够最大限度地接近立法本意，力求法律公平正义的最终实现，提升司法裁判的客观性和社会认同度。[1]

① 参见陈增宝:《司法方法论视野下的逻辑与经验》，载《人民法院报》2015年12月25日。

专题二 庭审的原则——支撑和维系"等腰三角形"构造的基本原则

一、依法独立行使审判权

这里的依法独立行使审判权是指人民法院在审判活动中不受任何其他机关、团体和个人的非法干涉，依法独立公正行使审判权。在庭审中坚持独立，其基本意义在于，它为程序公正和裁决的理性创造了前提。法官审判独立在庭审中的主要体现，是合议庭成员能够排除来自内部和外部的各种干涉，依法独立地决定审判中应由法官裁决的程序性事项并最终独立地对案件作出实体判决。

我国1954年的《宪法》规定"人民法院独立进行审判，只服从法律"。1982年党的十二大通过的《党章》，明确规定"党必须在宪法和法律范围内活动"。此后，制度层面多次重申"坚持党的领导与确保依法独立行使审判权并行不悖"。特别是党的十八大以来，在保障依法独立行使审判权方面取得重要进展。2013年发布的《中共中央关于全面深化改革若干重大问题的决定》将"确保依法独立公正行使审判权"作为司法改革的重要内容。2015年，中共中央办公厅、国务院办公厅印发了《领导干部干预司法活动、插手具体案件处理的记录、通报和责任追究规定》，中央政法委印发了《司法机关内部人员过问案件的记录和责任追究规定》，这些都表明了党中央保障依法独立行使审判权的坚定决心和责任担当。

需要特别指出的是，在我国，坚持党对人民法院工作的绝对领导与坚持依法独立行使审判权是一致的。实践中，那种将党的领导与依法独立行使审判权对立起来的观点是错误的，既违反我国的宪法原则，也不符合我国国情，不利于司法公正，不利于维护国家和人民的利益。（1）坚持党对人民法院的绝对领导，是我国近现代历史发展所决定的，是改革开放实践经验的总结，是我国国情的必然要求，是中国共产党宪法地位的具体体现，是中国特色社会主义司法制度的本质特征所在，亦是人民意志的体现。（2）党通过制定方针政策、推进司法改革，确保人民法院正确履行人民赋予的职责，依法开展审判工作，为经济发展、社会和谐稳定提供良好的司法保障。（3）党通过组织考察、对法官任免的建议、对党风廉政作风的监督等，实现党对司法工作的组织领导，从而确保司法队伍的革命化、职业化、专业化、规范化，保障司法队伍的纯洁性、人民性。（4）党通过协调各方关系，为依法独立行使审判权、公正司法创造良好的社会环境。党从中央到地方，通过设置政法工作委员会，代表党负责协调和组织公安、检察、法院、司法行政、国家安全各部门的工作；通过党委的领导，督促政府及其他机关严格执法、依法行政，为法院依法独立行使审判权、公正司法创造条件。

二、法官中立

所谓法官中立是指法官在诉讼中与双方当事人保持同等的司法距离，对案件保持超然和客观的态度。法官中立是维护法律的神圣与正义之所必需的，要求法官站在客观中立的角度考虑、裁判案件，做到不偏不倚，中立是对法官庭审最基本的要求。不中立便是偏私，便是法官与当事人的角色混淆，其导致结果的不公正乃是必然的。随着审判方式改革的深入，法官中立、居中裁判的审判观念越来越被人们所接受，有人把法官形象地比作球场上的裁判，强调法官要像裁判那样保持绝对的中立，不偏不倚。法官在宣判前，不得通过言语、表情或者行为流露自己对裁判结果的观点或者态度。法官调解案件应当依法进行，并注意言行审慎，避免当事人和其他诉讼参与人对其公正性产生合理的怀疑。法官中立原则包括以下两项具体要求：

（一）法官同争议的事实和利益没有关联性

强调法官与案件事实和利益上具有非关联性，对于保持法官的中立性无疑是必要的。

（二）法官不得对任何一方当事人存有歧视或偏私

法官所形成的偏见和预断有可能会妨碍纠纷的公平处理。因此要保证法官中立地位的确定，有必要在法官遴选制度方面确立对法官中立性方面的要求；同时对现任法官要强化中立意识，居间裁判，以确保程序公正的实现。法官不仅要树立中立意识，而且还应表现出中立地位。法官不仅要在主观上公正，而且要在行为表现方面也体现公正。因此，法官在审理案件时应当依法进行，并注意言行审慎，避免当事人对法官的中立和公正产生合理怀疑。

戈尔丁提出的程序公正标准贯穿了直观的诉讼过程，他认为，只要坚持上述公正标准，就能够促使争端从心理上得到真正解决，并且还能确保各方当事人对整个司法审判制度产生信任，这种信任构成了法律制度存在的基础。

基于法官中立的要求，为有效防止法官从裁断者演变成积极的调查者和变相的追诉者，在刑事诉讼中，法官要避免在庭审中大包大揽，对诉讼双方过分干预，卷入当事人的利益纷争中，影响其公正中立的形象，法官在庭审中要侧重保证庭审活动的顺利进行，负责听证、认证、质证并作出公正判决。

三、诉辩平等

在“等腰”的三角构造中，诉辩平等是“题中应有之义”。平等包括法律地位平等和诉讼手段对等两项内容：

（一）法律地位平等

辩护与控诉是诉讼构造这一统一体中的两个对立方面和对立的诉讼职能。诉讼的前提是控诉与被指控的双方存在“诉争”，因而形成双方的对抗格局。诉讼的科学程序要求控诉与辩护双方在地位上保持平等对抗的格局，这是保证诉讼客观、公正的前提。如果控、辩双方在形式上明显一方优越而另一方处于极为劣势弱势地位，就有使诉讼在实质上变成行政程序的危险，程序公正就无从谈起，案件的处理就很难保证质量。要实现诉讼平等，必须承认被告人的诉讼主体地位和享有充分的诉讼权利。

（二）诉讼手段对等

实践中，如果没有控辩平等原则加以支撑，缺乏平等的价值基础，庭审就会出现有控难辩、重控轻辩的局面。如果控辩双方一强一弱，法官中立也就很难保持，难免向强势方倾斜和偏袒。在诉讼手段上，诉辩的平等性应当体现在以下几个方面：

1. 平等获得与案件有关的信息。为了诉讼的公正与效率，控辩双方在庭前须作证据开示与交换，防止证据突袭。

2. 被告人应当成为诉讼主体并获得诉讼关照。被告人的主体地位主要表现在诉讼权利的享有上，如享有充分的陈述事实和意见的权利、要求回避的权利、获得法律帮助的权利、申请解释、调查的权利等。

3. 被告人辩护权的肯定和保障是诉辩平等的重点。在刑事诉讼中，辩护是犯罪嫌疑人、被告人最基本的一项诉讼权利，诉讼中的其他权利皆由辩护权而产生，或者密切相关，如申请回避权、使用本民族语言、文字权利等。长期以来，由于公诉权过于强大，被告人的辩护权应当得到强化。辩护制度在诉讼中的意义，不仅有利于制约侦、控、审活动，促进公安司法机关客观、全面了解案情、正确适用法律，保证案件质量，而且有利于体现诉讼的公正性和民主性，充分保障公民的合法权益和诉讼权利，彰显刑事诉讼的民主化。

四、兼听则明

所谓兼听则明，指要同时听取各方面的意见，才能正确认识事物；

只相信单方面的话，必然会犯片面性的错误。汉代王符《潜夫论·明暗》指出："君之所以明者，兼听也；其所以暗者，偏信也。是故人君通必兼听，则圣日广矣；庸说偏信，则愚日甚矣。"唐朝人魏征说过："兼听则明"。《资治通鉴》(唐太宗贞观二年)："上问魏征曰：'人主何为而明，何为而暗？'对曰：'兼听则明，偏听则暗。'"成语"兼听则明，偏信则暗"就是从魏征劝太宗的话演变而来。这个成语的意思是广泛地听取多方面的意见，就能明白事情的真相，作出正确的判断，只听信一方面的意见就会不了解真相，得出错误的结论。告诫人们办事要广泛听取意见，不要听信于一人，才能把事情办好。毛泽东同志在《矛盾论》中亦指出："多方面听取意见才能辨明是非得失；只听一方面的意见，就信以为真，往往要作出错误的判断。"

在司法实践中，法官只有在"兼听"的基础上才能作出公正的诉讼裁决。[①] 对法官来说，兼听则明，就是既要重视控方的意见，也要善于倾听和认真对待辩方的看法，保障控辩双方在法庭上享有平等的诉讼地位和同等的诉讼权利。正如有的实务专家坦言，刑事法官的立场是否公正，在一定程度上可根据庭审时，其对控辩双方是否同等尊重来进行判别。[②] 法官倾听、慎重对待辩方的意见，除了体现在庭审上、落实在诉讼活动中，最终还要落实、体现在裁判文书上。这就意味着法官必须强化裁判文书的说理，对控辩双方的意见予以恰当、精准的有效回应。

---

① 参见龙宗智：《刑事庭审制度研究》，中国政法大学出版社 2001 年版，第 32~43 页。

② 参见骆锦勇：《兼听则明 同等尊重》，载《人民法院报》2016 年 1 月 7 日。

专题三　庭审的基本要求
——法官行为规范

庭审是法官依法行使审判权，高效率、高质量地运用法律手段处理纠纷的一门艺术。[①] 正如有学者所言，法庭是一个舞台，各个法官根据各自的能力审理不同的案件，导演出具有鲜明个性的话剧，充分展示法官的风采、执法的形象。[②]《法官行为规范》第 26 条规定了庭审的基本要求：（1）规范庭审言行，树立良好形象；（2）增强庭审驾驭能力，确保审判质量；（3）严格遵循庭审程序，平等保护当事人的诉讼权利；（4）维护庭审秩序，保障审判活动顺利进行。这是法官进行庭审活动必须遵循的一般要求，也是评价法官庭审活动质量的主要依据。归纳起来，其核心要义在于把握“五个关键词”，即：耐心听讼、指挥得当、重点突出、善于决断、安全有序。

① 杨凯：《裁判的艺术——法官职业的境界与追求》，法律出版社 2005 年版，第 174 页。

② 乔宪生等主编：《法官素养与能力培训读本》，法律出版社 2003 年版，第 99 页。

一、耐心听讼
——规范庭审言行，树立良好形象

“法官坐在法庭之上就代表着国家法律，端坐在法椅之中的法官就是生动的法律的象征。因此，法官一定要通过自己规范、威严、严谨、端庄的形象和仪表，向诉讼当事人展现一种威仪四射的法官之威，只有首先做到形象上的威严，才会有精神威严的可能。”[①] 实践中，法官只有注重规范自己的庭审言行，才能树立良好形象。从需要规范的言行范围来说，大致包括以下几个方面：

1. 衣着规范整洁，规定着法袍的，应当在进入法庭前更换好并保持整洁和庄重；

2. 设立法官通道的，应当走法官通道；

3. 应当在当事人、代理人、辩护人、公诉人等入庭后进入法庭；

4. 不与诉讼中的任何一方有亲近的表示；

5. 坐姿端正，不得有穿拖鞋、掏耳朵、剪指甲、吸烟、吃零食等不雅行为；

6. 集中精力，专注庭审、耐心听讼，不做与庭审活动无关的事；

7. 不得使用通讯工具、在审判席上吸烟、随意离开审判席等；

8. 礼貌示意当事人及其他诉讼参加人发言；

9. 不得用带有倾向性的语言进行提问，不得与当事人及其他诉讼参加人辩论、争吵；

---

① 杨凯：《裁判的艺术——法官职业的境界与追求》，法律出版社2005年版，第175页。

10. 严格按照规定使用法槌，敲击法槌的轻重应当以旁听区能够听见为宜；

11. 严禁酒后参加庭审。

上述诸条中，耐心听讼最为关键。所谓听讼，是指听理诉讼、审案的意思。而耐心当是法官必备的职业素养，亦是其基本工作作风。面对形形色色的当事人，法官首先要有耐心，能够做到耐心接待、耐心倾听、耐心裁判。其次，耐心者，亦应有恒心。庭审的目的是查清事实、准确适用法律、实现公平正义，而要查清事实，前提就得让人家把话说完，把要表达的意思表达清楚。诉讼者因为有利益之争，在法庭上或许会不冷静，但无论遇到何种情形，法官都要尽量保持镇定自若，无论是法官的行动还是安坐，都要给人以内敛、克制、恒定的感受，避免在案多人少的压力之下耐不住性子，急于求成。《人民司法》杂志社原社长倪寿明曾以《听讼者的素养与气度》为题，对居中裁判的法官应有的听讼素质与心态进行过精辟的探究，对有些法官不严守中立原则、不耐心听讼、在法庭上与律师发生冲突或与一方当事人争辩等现象进行过批判。在他看来：

听字的繁体写法为“聽”，如果拆开看就是“十目一心耳为王”，关键就在左边这个耳字，而且是善听者为王。“十”字表示头要正，寓意听的时候态度要端正；“四”字（立体为目）代表眼睛，表示要目视对方；“一”字表示头要正，寓意听的时候态度要端正；“心”字则表示专心和用心听取各方的陈诉。人有两只眼睛、两个耳朵、一张嘴巴，意思就是我们要多看多听少说话。[1]

此论既形象又生动，且寓意深刻，更妙趣横生，实在难得。

二、指挥得当
——增强庭审驾驭能力，确保审判质量

法官是庭审活动的组织者和指挥者，法庭上的所有人都应当服从法官的指挥。但由于法官特殊的角色，法官的指挥权不是绝对的，法官应当处理好指挥权与当事人行使诉讼权利之间的关系。法官的庭审艺术集中反映在其驾驭、控制庭审的能力上。根据审判实践，法官应当学会以下几条：

（一）合理地分配与控制诉讼各方陈述、辩论时间，庭审有序进行

法官应当根据案情和审理需要，公平合理地分配诉讼各方在庭审中的陈述及辩论时间；不随意打断当事人、代理人、辩护人等的陈述；当事人、代理人、辩护人发表意见重复或与案件无关的，应当适当提醒，不以生硬言辞进行指责。

（二）善于归纳争议焦点，明确重点，指挥和引导当事人诉讼

法官应当归纳、突出争执的焦点，提高举证、质证和认证活动的质量，提高庭审效率，通过诉讼引导，克服举证烦琐、质证不深入和

---

① 参见倪寿明：《听讼者的素养与气度》，载《人民司法·应用》2013年第9期。

辩论不切题等问题，避免无效争吵、任意跑题。

（三）有效控制庭审节奏

庭审节奏的掌握是法官庭审驾驭能力的重要内容。庭审的节奏要能够体现一种起伏跌宕之美，而平铺直叙的庭审过程、累赘、拖沓的庭审过程都会消磨参与庭审者的激情和耐力，使庭审效率低下。一般来说，对于程序性过程可以适当加快节奏，而对于双方争议较大、证据繁多的法律争议，则应放慢庭审节奏，这样既有利于查清事实，又有利于书记员、速录员的记录。只有快慢相间、张弛有道的庭审节奏，才能给人以美的享受，才能在节奏的韵律变化之间达到庭审目的。[①]

三、重点突出
——严格遵循庭审程序，平等保护当事人的诉讼权利

所谓重点突出，就是要善于根据庭审中控辩双方争议的事实证据、定罪、量刑、上诉理由能否成立等焦点问题展开法庭调查，组织引导双方进行法庭辩论，有的放矢，使双方围绕重点事实、证据以及犯罪构成要件所涵摄的事实要素、关键情节形成充分质辩，为裁判决策提供方案或基础。

根据前述分析，法官驾驭庭审能力中有一条就是要善于归纳争议焦点，明确重点，能够指挥和引导当事人诉讼。任何当事人都必须依法行使诉讼权利，遵守诉讼秩序，庭审中听从人民法院的统一指挥，

① 参见禹万金：《论庭审驾驭能力的具体表现》，载 gy.nxfy.gov.cn，访问日期：2019 年 8 月 14 日。

否则就应承担一定的责任或者不利的后果。

值得指出的是，2018 年 4 月 21 日，最高人民法院、司法部联合印发《关于依法保障律师诉讼权利和规范律师参与庭审活动的通知》（以下简称《通知》）。该《通知》要求，各级人民法院及其工作人员要尊重和保障律师诉讼权利，严格执行法定程序，平等对待诉讼各方，合理分配各方发问、质证、陈述和辩论、辩护的时间，充分听取律师意见。对于律师在法庭上就案件事实认定和法律适用的正常发问、质证和发表的辩护代理意见，法官不随意打断或者制止；但是，攻击党和国家政治制度、法律制度的，发表的意见已在庭前会议达成一致、与案件无关或者侮辱、诽谤、威胁他人的，故意扰乱法庭秩序的，审判长或者独任审判员可以根据情况予以制止。《通知》指出，法庭审理过程中，法官应当尊重律师，不得侮辱、嘲讽律师。审判长或者独任审判员认为律师在法庭审理过程中违反法庭规则、法庭纪律的，应当依法给予警告、训诫等，确有必要时可以休庭处置，除当庭攻击党和国家政治制度、法律制度等严重扰乱法庭秩序的，不采取责令律师退出法庭或者强行带出法庭措施。

四、善于决断
——冷静果断应对，有效预防和处置突发事件

庭审是司法过程的焦点，参与者众多、权力关系复杂、各方利益冲突明显，这使庭审过程的动态性强，涉及面广，不确定性因素多，容易出现突发情况。法官的庭审驾驭能力之一，就是善于明辨是非，

善于决断选择，能够有效地预防和处置突发事件，冷静、果断、及时应对庭审中出现的复杂局面。现实中，有的法官应变能力较差，对庭审中出现的突发事件和各种复杂局面不能妥善处置。诉讼各方发生争执或者互相进行人身攻击时，法官应当及时制止，并对各方均进行批评教育，不得偏袒一方；告诫各方必须围绕案件依序陈述；对不听劝阻的，依照有关法律规定作出适当处置。当事人情绪激动，在法庭上喊冤或者鸣不平时，应当重申当事人必须遵守法庭纪律，法庭将会依法给予其陈述时间；当事人不听劝阻的，应当及时制止；制止无效的，依照有关规定作出适当处置。

五、安全有序
——维护庭审秩序，保障审判活动顺利进行

安全有序是庭审的质量底线。确保庭审安全有序，是法官的基本职责，也是检验法官庭审驾驭能力的基本内容。实践中，有的刑事案件被告人人数众多，社会关系复杂，且有时不少被告人异地关押，如何保障庭审活动安全、有序进行，既反映法官的庭审驾驭能力，也考验法警的安全保障水平。就法官而言，有几点值得特别注意：

1. 合理运用数字法庭同步录音录像、语音实时传导、庭审多功能一体机等数字化智能化信息化建设成果，合理安排被告人、辩护人及旁听人员、执庭人员的坐席，在确保各被告人充分行使其诉讼权利，保障辩护人充分发表意见的同时，使法庭内外的人员均处于监控范围之内。

2. 充分运用法官庭审驾驭技能，针对有的被告人文化水平不高，

庭审知识欠缺等情况，在开庭过程中要善于对其进行适度引导，保障庭审的高效进行，提升庭审效率。

3. 注意庭审语言规范，避免因自身或控辩双方言语不当、刺激被告人或被害人亲属，导致情绪激动或失控。

【延伸阅读】

司法方法论视野下的裁判逻辑与庭审经验①

司法方法作为联结法律和案件之间的桥梁，是规制法官自由裁量权和保障司法行为公正的重要手段。以司法方法论为视角，运用法律心理学等实证研究成果，全面、历史地解读经验判断与逻辑方法在法律适用中的地位和作用，理性地看待个案司法裁判形成的内在思维过程，掌握庭审、裁判活动的基本原理和有效方法，对法官而言已显得非常重要。

有关司法方法的理论研究和庭审实践均表明，法律推理中的大小前提系借助法官的经验判断和价值权衡，在事实和规范的互动中得以“公正”匹配，经由“目光在事实与规范之间往返穿梭”，最终形成公正的司法裁判。判决既是对经由庭审的可靠、合法证据的体现，也是法官以合理人的知识、经验对自己参与事实形成和法律解释的个人偏见、动机和情绪等非理性因素保持合理警觉的结果，是法官对自身的

① 整理自陈增宝：《司法方法论视野下的逻辑与经验》，载《人民法院报》2015年12月25日。

心理与行动进行有效监控、不断调适的结果。无论是法律形式主义的主张，还是法律现实主义的观点，其实都难以完全否定逻辑方法和经验判断各自在庭审实践以及司法裁判形成中的作用。可以说，逻辑演绎与经验判断在庭审实践和司法裁判的形成中均具有十分重要的作用，正如同车之两轮、鸟之两翼，不可或缺。

【延伸阅读】

司法裁判中的情感因素及其庭审调控①

心理学认为情感是非理性的，是人对客观事物的主观态度、心理体验及相应的行为反应。司法裁判中的情感因素是指法官在形成裁判的过程中对影响案件事实形成与法律理解和发现等案件相关因素作出的诸如喜怒哀乐、好恶倾向等内在的心理反应。在以规则为支撑、以理性为导向的司法过程中，法官是否因情感因素影响司法裁判，不少实务界的法官似乎并不隐晦自己肯定的观点，但古今中外的法学理论争辩中却始终有肯定与否定两种主张。如何科学、理性地看待并合理调控庭审、司法裁判中的情感等非理性因素，自觉提升法官自身的情感素养，筑牢公正司法的情感基础，实现法理情的有机统一，并致力于科学的程序设计和有效的制度防范，全面保障司法行为公正的有效实现，无疑是一个值得研究的重大课题。

① 整理自陈增宝：《司法裁判中的情感因素及其调控》，载《人民法院报》2016年6月17日。

法律心理学研究告诉我们，公正从一开始就不全然是一种客观性的存在，作为一种价值理想准则一直都与人们的主观价值判断如影随形，社会公众对司法公正的认知和评判难免存在情感依赖。法律既有赖于国家规范的刚性指引与强力保障，也离不开人们的情感支撑。依笔者浅见，严格司法固然是公正司法的前提和基础，正确的法律和客观的案件事实毋庸置疑是判决时应考虑的最重要的两大因素，但司法绝不是纯粹理性的“独角戏”，而是心与脑对话的过程，是逻辑与价值、理性与非理性相互博弈、协调互融的过程。情感是人性中最为璀璨的光芒和不可回避的色彩，在司法理论研究中无视或决意排除法官情感因素对司法裁判庭审活动的影响既是不现实的，也是不必要的，关键在于科学地揭示情感因素对司法裁判、庭审活动的影响规律，从而更加理性防范与调控情感因素对司法裁判、庭审活动的消极影响。而要了解情感因素究竟如何影响司法裁判、庭审活动，则必须借鉴心理学尤其是法律心理学的有关研究成果进一步加以实证考察。

情感对庭审等司法行为既有促进作用也有干扰作用。人的情感复杂多样，可以从不同的观察角度进行分类。比如，根据价值的正负变化方向的不同，可分为正向情感与负向情感；根据事物基本价值类型的不同，可分为真感、善感和美感，道德感和价值感，等等。实践证明，人性中真善美等方面积极的情感因素，如仁爱、诚信、宽容、乐观、热情、自信等具有激励法官的作用。凡积极而强烈的情感都能产生巨大的力量，推动法官去实现司法公正，起到“润滑剂”“催化剂”和“稳定剂”的作用。当法官的心灵被消极的情绪、情感所笼罩时，就会严重干扰审判行为。因此，情感在法官司法过程中具有双重功能：

一方面，可能使司法判决在合法的前提下更具合理性，能够较好地实现个案公正。例如，全国优秀法官宋鱼水曾审理一起一位老作家状告出版社的案件，由于其用了近3个小时耐心听完这位老作家的陈述而感动了老作家，尽管案件还没有审理结果，这位老作家就诚恳地说："宋法官，矛盾发生以后，你是第一个完完整整听完我讲话的人。你对我的尊重让我信任你，法庭说怎么办就怎么办。"这反映了情感对司法认知的积极影响。正是因为耐心、尊重，以真心倾听等方式给了当事人以人为本的诉讼环境，宋鱼水法官主持的法庭才成为他心中"温暖的归宿"。另一方面，消极的情感因素也可能使司法判决失去理性，从而导致司法公正丧失。

第四讲

庭审的准备与预案

——充分的庭前准备是庭审成功的前提

庭审是法官依法行使审判权，高效率、高质量地运用法律手段处理纠纷的一门艺术。正如有的学者所言，法庭是一个舞台，各个法官根据各自的能力审理不同的案件，导演出具有鲜明个性的话剧，充分展示法官的风采，执法的形象。《法官行为规范》第26条是法官进行庭审活动必须遵循的一般要求，也是评价法官庭审活动质量的主要依据。除此之外，法官进行庭审活动还必须进行充分的准备。可以说，充分的庭前准备是庭审成功并取得良好效果的前提和基础。

阅卷是法官掌握案件事实证据，了解、熟悉案情的主要渠道，也是庭前准备的基本动作。

专题一　全面熟悉案情

从庭前准备的角度来讲，提前熟悉案情并有针对性地做好准备工作，是确保庭审顺利进行的前提和基础。大概而言，法官需要重点做好以下几方面的工作。

一、做好庭前阅卷，形成“阅卷看法”

审判实践中，阅卷是法官掌握案件事实证据，了解、熟悉案情的主要渠道，也是庭前准备的基本动作。在民事案件中，法官需要阅看原告提供的起诉书、被告的答辩状、有关证据等书面材料。在刑事审判中，法官需要审阅的案卷材料更多，主要是侦查机关收集的言词证据、现场勘查记录、法医学尸体或活体检验意见、鉴定意见等卷宗材料。就刑事审判而言，熟悉案情的基本目的就是全面完整地把握案件证据的基本状况：

（一）掌握案件证据材料的物理状况

包括案件证据材料的卷宗数、大致页数、案卷的构成、关键证据材料的种类和名称，只有做到“心中有数”，才能防止在办理过程中“材料遗失”。同时，也可掌握案件材料中有无存在涉密材料错误装订的情况。

（二）掌握定案的证据状况

也就是说，通过阅卷工作，一、二审法官可以分别掌握检察机关指控或原判认定被告人构成犯罪的主要证据来源是否合法，定案的相关证据是否确实充分，尤其是一些劫财命案，要通过阅卷审查掌握有无直接锁定被告人行凶抢劫作案的客观性证据。同时，也可通过阅卷掌握有利于被告人的供述等证据状况。这些证据，既包括被告人在侦查阶段、审查起诉阶段甚至一审开庭时所作的有利于自己的供述和辩解，也包括一些有利于被告人的证人证言；既包括一些言词证据，也包括一些有利于被告人甚至排除被告人作案的客观性证据。如发现案件证据存在疑点，则可进一步明确庭审审查的重点和方向。

（三）掌握量刑情节的证据状况

刑事案件中的证据材料，有的是定罪证据，有的是量刑证据。量刑证据中，有的是法定从轻或从重量刑情节的证据，有的是酌定从轻或从重处罚情节的证据，比如被害人在起因上是否存在过错、被告人的认罪态度、有无积极赔偿、有无获得被害人及其亲属对犯罪行为的谅解、是否投案自首、有无检举揭发等立功表现或待核查线索，等等。

通过庭前阅卷，归纳案件争议的焦点，法官对案件事实证据状况有了大致的了解和把握，初步形成“阅卷看法”，或制作“阅卷意见”，也为下一步庭审调查、举证质证确定了重点、明确了方向。

二、审查被告人的羁押情况，了解被告人的受审能力

犯罪嫌疑人、被告人依法享有刑事诉讼权利、履行诉讼义务是刑

事诉讼活动合法、公正进行的重要条件。但实践中，有的犯罪嫌疑人、被告人因为患有精神障碍或其他客观原因，丧失辨认能力，无法理解诉讼权利和诉讼义务，或者不能依据这种理解而参与诉讼。他们可能因不能理解指控内容，无法作出正常反应；也可能因不能理解辩护权的意义，不能进行自我辩护；甚至可能在罪恶妄想支配下进行自我诬陷。这就产生了受审能力和受审能力审查的问题。刑事案件开庭前，法官必须搞清楚被告人的羁押状况和受审能力。所谓羁押状况，主要涵盖以下几方面内容：

（一）审查被告人有无羁押

被告人是在押的，还是目前处于取保候审、监视居住等非羁押状态。如果在押，则必须与司法警察部门做好提押等手续准备。如果被告人目前为取保候审状态，则需要指导书记员开具传票，做好相关准备。此外，针对取保候审等非羁押的被告人，也要注意了解目前被告人的身体、心理等状况。

（二）审查被告人羁押在何处

羁押状况显然包含了羁押场所等状况。作为承办法官，对在押的被告人务必进一步审查被告人目前实际羁押的场所。实践中，有的案件被告人一审阶段羁押的场所与二审阶段羁押的场所可能发生变化。比如，笔者曾遇到一个案件一审判决书上显示，被告人现羁押于杭州市某某区看守所，一审宣判被告人死缓后，按看守所的规定，死缓等被告人统一转移到杭州市看守所羁押。如果在办理过程中，承办人不注意审查被告人羁押场所的可能变化，还跑到某某区看守所去提押被告人，就会造成工作不便，甚至影响庭审的如期进行。

（三）审查被告人羁押时间的长短状况

被告人在看守所羁押时间的长短，一方面反映前期办案程序是否合法合规，另一方面还可分析判断被告人目前的心理状况，为庭审预案的拟制提供基础。实践中，有的被告人曾被长期羁押，情绪往往容易激动、焦虑不安，遇到此类案件，作为承办法官，必须要有思想准备，并视情做好心理疏导。

所谓受审能力，指刑事案件被告人能出庭接受审讯、审判的能力，主要包括被告人的身体状况和精神状态。

（一）身体状况

主要看被告人的身体、年龄等因素是否足以支持整个庭审程序的进行。实践中，有的案件被告人虽然不存在精神方面影响庭审的因素，但由于生理方面患有疾病或年龄较大，可能在庭审中随时出现体力不支等情况，对这些被告人，在庭前制定预案时必须进行适当评估，并制订相应的预案，确保庭审平安、顺利进行。针对长时间的庭审或体弱多病的被告人，出于司法文明、人文关怀等考虑，法庭在庭审中宜多让被告人坐着参加庭审，避免长时间站立。

（二）精神状态

这是学界讨论受审能力（capacity to stand trial）时的主要话题，主要依据被告人受审时的精神状态而定。受审能力有狭义和广义之分。狭义的受审能力是指刑事被告人参加庭审，接受审判的能力，具体指刑事被告人能否正确理解自己在诉讼中所处的地位，自己诉讼行为的法律后果，能否行使诉讼权利以及接受刑事审理和裁判的能力。广义的受审能力是指在刑事诉讼（不仅是审判阶段）中，刑事案件犯罪嫌疑人、被告人参与诉讼的能力，指“刑事案件的犯罪嫌疑人、被告人能否理解自己在刑事诉讼过程中的地位、权利，能否理解诉讼过程的意义，能否行使自己的诉讼权利的能力”。

据法律心理学的有关研究，判断被告人受审能力的心理条件主要包括被告人对诉讼过程的认识是否正确、能否与自己的辩护人合作、能否很好地听取原告及证人的控告或证词、回答是否切题、有无对自己的犯罪情节进行自圆其说的辩护等方面。有受审能力的人往往未受到精神病或低能的影响而发生显著改变，知晓和理解自己在法庭上处于被告人的地位；在诉讼过程中或法庭上能与律师配合，按律师提示准确回忆案情，回答问题；对不符合实际之处能直接反驳或告知律师；能按自己的记忆准确回答法庭提问；其受审能力与自己实施的犯罪情节的复杂性和严重性相符。当怀疑被告人处于无受审能力的情况下，必要时得进行司法精神疾病鉴定。

三、了解当事人及其亲属的反应，预测庭审旁听情况

在庭前准备时，只有认真研读案卷材料，充分掌握各方当事人的诉求和心态，同时对可能发生的情况进行预判，尽量把可能出现的情况都预先考虑到，必要的时候提前和主管领导以及法警部门沟通协商，提前制订处置预案，才能确保庭审的安全和秩序，做到万无一失。一般而言，刑事案件庭审前需要了解、预测的情况有以下几方面：

（一）要了解被害人及其亲属的反应情况

罪案发生后，往往造成被害人伤亡等严重后果，导致被害人或其

亲属处于极度痛苦、愤怒之中，因而在审理过程中难免会出现情绪容易激动等情况。作为法官，一定要通过庭前阅卷、调研走访等途径了解被害人或其亲属目前的处境，了解有关被害人亲友是否参加旁听，预测旁听人员的多少，以及在庭审中被害人方与被告人方是否可能发生冲突，或出现闹庭等极端情况。

（二）要了解被告人及其亲属的反应情况

一般来说，刑事案件审理中，被告人的亲属往往比较配合，希望留个好印象，争取法庭对被告人从轻处罚。但是，在现实案件中，由于人员素质以及法律认知水平的差异，有的被告人亲属也可能出现情绪激动等情况。尤其是在二审案件中，有的亲属看到被告人被判处重刑，也有可能对法庭产生抵触情绪或对抗心理。加上有些案件，被害人方一旦先激动，被告人方与被害人方容易在旁听过程中违反法庭纪律，出现言语甚至肢体冲突。

（三）要预测旁听人员的多少、构成以及可能出现的情况

实践证明，让人民群众在每一个司法案件中感受到公平正义与司法的权威性，最有效的方式就是公开。近年来，按最高人民法院的统一部署要求，全国各级法院顺势而为，立足实际，循序渐进，有计划地推进司法公开四大平台建设，不断落实与完善旁听庭审、庭审直播制度，确保司法公正，践行司法为民，取得明显成效。目前，庭审旁听、庭审直播已成为审判公开常态化运行的重要内容之一。实践中，旁听人员中主要有以下几种类型：（1）被害人亲友；（2）被告人亲友；（3）一般公民；（4）当地人大代表、政协委员等特殊群体；（5）新闻媒体。

针对旁听问题，必要时，应制订旁听工作预案。

对于旁听人员较多的案件，应当事先预估旁听人数，安排较大的法庭开庭审理。单个法庭无法容纳的，可以安排部分旁听人员在其他法庭观看同步视频直播。确实无法安排的，可以根据情况制作相应数量的旁听证，事先按规定发放，开庭当天凭证入场旁听。[①]

① 参见崔盛钢主编:《刑事审判实务技能》，人民法院出版社 2013 年版，第 27 页。

专题二　拟制庭审提纲

法官通过庭前阅卷，对案情有了较为全面的了解，在熟悉案情的基础上应当对下一步的庭审工作有一个通盘的考虑，并形成庭审提纲，明确案件审理的范围和庭审的重点，归纳争议的焦点，确定合议庭成员的分工，对庭审中可能涉及的有关事项提前做好准备，从而为庭审的顺利进行提供前提和基础。庭审提纲需要涵盖或明确的内容至少包括：

一、明确案件审理的总体范围和庭审分工

案件审理的总体范围包括起诉书指控的犯罪事实的重点和认定案件性质的要点；原判要点和控辩双方争议的焦点；各方的诉讼请求、上诉理由（归纳争议焦点）；等等。庭审分工是指合议庭成员在庭审中的分工，包括哪些罪名、哪些问题由合议庭成员进行讯问，二审案件中的原审判决书由谁宣读，等等。

二、明确法庭调查的重点和步骤以及庭审的基本流程

包括控辩双方的讯问、发问顺序，法庭讯问被告人、询问证人时需要了解的案情要点；需要出庭的关键证人、鉴定人和有专门知识的

人、侦查人员的名单；控辩双方申请当庭出示的证据目录；拟由各方申请出示证据的顺序和时机等内容。

三、预测庭审中可能出现的问题及拟采取的应对措施

比如说，被告人被带入法庭后唱歌，扰乱法庭审理的怎么办？被告人被带入法庭即向旁听人员喊冤的怎么办？公诉人在宣读起诉书时，被告人插话指责、喊冤的怎么办？被告人提出承办案件的公安、检察人员有刑讯逼供或违法行为的怎么办？被告人身体发生意外的怎么办？等等。

四、拟出认证及庭审小结的预案

是否需要当庭认证可视案情决定，但在庭审中法官应当对控辩双方的举证质证情况作出一定的回应，对此，庭前应当进行一定的研判，要有预案。庭审小结也是如此。作为阶段性的小结，法官在庭审结束之前对当天的庭审状况、控辩意见、争议焦点进行一定的总结归纳是非常必要的，至于小结时是否需要表态或表态到什么程度则需视案情决定，一般情况下，在合议庭未形成决议之前，以归纳为主。由于庭审时间比较紧张，庭审小结又比较重要，往往受各方和旁听人员的关注，因此，事先也要有预案。

五、明确庭审中需要注意的其他问题

庭审提纲没有固定的格式，也不是正式的法律文书，其主要功能是为庭审的顺利进行做准备。因此，承办人在审阅案卷过程中，凡是需要提醒自己或合议庭成员注意、需要备忘或重点研究解决的问题或事项，都可以在庭审提纲中予以列明或标注，从而为庭审完善细节、理清思路、确定重点、指明方向。

需要注意的是，庭审提纲制作完成后，承办人应当及时交合议庭成员审阅，一方面便于补充完善，另一方面也便于合议庭其他成员准备庭审。①

【参考范例】

刑事一审庭审提纲

一、开庭前的准备

开庭前书记员必须做好下列工作：

（一）落实法庭并检查审判区和旁听区是否符合要求；

（二）检查音响、照明设备及视听资料播放设备等是否完好；

（三）检查审判长、审判员、书记员及公诉人、检察员、辩护人、被告人及其他诉讼参与人的标牌是否齐全、统一；

---

① 参见崔盛钢主编：《刑事审判实务技能》，人民法院出版社 2013 年版，第 23 页。

（四）检查法槌是否摆放合适；

（五）检查当事人、证人和其他诉讼参与人是否到齐并收回传票，查验担任诉讼代理人、辩护人的律师执业证书或其他身份证件；

（六）通知法警于开庭前五分钟进入审判区值庭；

（七）安排当事人及其他诉讼参与人就座；

（八）宣布法庭纪律。

庭审开始：

（一）公诉人、辩护人和其他诉讼参与人入庭

1. 书记员：请大家安静。（稍停顿后）请公诉人、辩护人和其他诉讼参与人入庭就座。

（二）宣布法庭纪律

2. 书记员：下面宣布法庭纪律：

（1）诉讼参与人，应当遵守法庭规则，维护法庭秩序，不准喧哗、吵闹，未经法庭许可，不得随意发言。在发言中不得进行人身攻击、侮辱、诽谤、威胁或者谩骂。

（2）旁听人员，不准随意走动和进入审判区，不准发言、提问或与诉讼参与人谈话。不准鼓掌、喧哗、哄闹。

（3）所有人员，请关闭手机。未经法庭许可不准录音、录像、摄影或实施其他妨害审判活动的行为。

对违反法庭纪律的人员，审判人员或者执勤法警将给予口头警告、训诫，不听劝告的，可以暂时扣留或没收手机、录音、录像等器材，责令退出法庭，或者依法予以罚款、拘留，直至追究刑事责任。法庭纪律宣布完毕。

（三）审判人员入庭程序

1. 书记员：请全体起立。（稍停顿后）请审判长、审判员（人民陪审员）入庭。

（审判长、审判员、人民陪审员进入法庭）

2. 审判长：（审判长坐下后）请坐下。

3. 书记员：（站立面向审判长）报告审判长，开庭前的各项准备工作已经就绪，可以开庭。

二、法庭调查前的准备

（一）开庭、核对被告人身份

4. 审判长：（敲击法槌一下后）××省××市××区人民法院刑事审判庭，现在开庭。

5. 审判长：传被告人×××到庭。

（法警押解被告人到庭）

审判长：请法警打开戒具。

6. 审判长：法庭现在对被告人的基本情况进行核实。

7. 审判长：被告人你的名字？

被告人：

8. 审判长：有其他名字吗？

被告人：

9. 审判长：有没有绰号、外号或昵称？

被告人：

10. 审判长：

（1）你的基本身份情况（姓名、出生年月日、民族、出生地、文化程度、职业、住址，或者单位名称、住所地、诉讼代表人的姓名）?

（2）此前有没有受到过法律处分（及处分的种类和时间）?

（3）因为本案，你在什么时间、被采取什么强制措施?

（4）你有无收到 ×× 人民检察院起诉书副本？收到的日期？有附带民事诉讼的，附带民事诉讼被告人收到民事起诉状的日期?

被告人:

11. 审判长:（如果被告人为未成年人）

核对被告人 ××× 的法定代理人的基本身份情况。

12. 审判长:（如果有附带民事诉讼）

（1）核对附带民事诉讼原告人的基本身份情况;

（2）核对附带民事诉讼被告人的基本身份情况。

（二）宣布案由

13. 审判长：根据《刑事诉讼法》第 ××× 条、第 ××× 条的规定，今天 ×× 省 ×× 市 ×× 区人民法院刑事审判庭在这里，依法公开（不公开）开庭审理由 ×× 区人民检察院提起公诉的、指控被告人 ××× 犯 ××× 罪一案。

14. 审判长:（若有附带民事诉讼）

依法合并审理附带民事诉讼原告人 ××× 与附带民事诉讼被告人 ××× 损害赔偿纠纷一案。

15. 审判长:（若不公开审理）

由于本案是有关国家秘密的案件\个人隐私的案件\未成年人犯罪的案件，根据《刑事诉讼法》第 ××× 条的规定本案不公开审理。根据《最高人民法院关于适用〈中华人民共和国刑事诉讼法〉的解释》

第 ××× 条的规定，依法不公开审理的案件，任何公民包括与审理该案无关的法院工作人员和被告人的近亲属都不得旁听。请无关人员退出法庭。

（三）宣布到庭人员的姓名及其身份

16. 审判长：

（1）本案由审判员 ×××（就是我本人）担任审判长（并且主审此案）、与审判员 ×××、人民陪审员 ×××（掌心向上伸出示意）共同组成合议庭，书记员 ××× 担任今天的法庭记录；

（2）××× 人民检察院指派检察员 ×××\×××××（掌心向上伸出示意）出庭支持公诉；

（3）××× 律师事务所律师 ×××（掌心向上伸出示意），受被告人 ××× 的委托，出庭为被告人辩护；

（4）被告人 ××× 的法定代理人 ××× 到庭参加诉讼；

（6）附带民事诉讼原告人 ××× 及其诉讼代理人 ×××、附带民事诉讼被告人 ××× 及其诉讼代理人 ××× 等均到庭参加诉讼。

（四）告知被告人相关的诉讼权利

17. 审判长：现在告知被告人相关的诉讼权利。根据《刑事诉讼法》第 ××× 条、第 ××× 条、第 ××× 条、第 ××× 条的规定，在法庭审理过程中，被告人享有下列诉讼权利：

（1）享有申请回避的权利。如果被告人（及其法定代理人）认为刚才宣布的合议庭组成人员、书记员、公诉人、鉴定人、翻译人与本案有利害关系，或者与本案有其他关系，可能影响本案公正审理的，可以提出回避申请；

（2）享有提供证据的权利。可以提出证据，向法庭申请通知新的证人到庭，调取新的证据，申请重新鉴定、勘验或者检查。

（3）享有辩护的权利。被告人可以自行辩护，也可以委托辩护人辩护；

（4）享有最后陈述的权利。被告人可以在法庭辩论终结后作最后的陈述。

18. 审判长：（若有附带民事诉讼）

附带民事诉讼当事人还享有的诉讼权利是：请求调解、申请强制执行，双方当事人就民事部分可以自行和解，附带民事诉讼原告人可以放弃或者变更诉讼请求；附带民事诉讼被告人可以承认或者反驳对方的诉讼请求还有权提起反诉。

19. 审判长：以上诉讼权利，是否听明白？

被告人：明白。

（五）征询回避

20. 审判长：被告人及其法定代理人有申请回避的权利，你对审判人员及书记员、检察员、是否有意见？

被告人：

三、法庭调查

21. 审判长：现在开始法庭调查。

（法警值庭应当站立，在法庭调查开始后可以坐下）

法庭调查按照下面的顺序进行

（一）宣读与陈述

（二）讯问和发问

（三）定罪事实的调查

（四）量刑事实的调查

（五）申请通知新的证人到庭

（六）宣布认证结论

（七）对附带民事诉讼部分进行法庭调查。

需要发言的，应当以举手方式提出，是否准许，由审判长决定。

（一）宣读与陈述

（1）审判长：首先由公诉人宣读起诉书；有附带民事诉讼的，再由附带民事诉讼原告人或者其诉讼代理人宣读民事诉状。

（起诉书指控被告人的犯罪事实为二起以上的，法庭调查时应逐起分别进行；对共同犯罪案件，可以采取被告人分别进行陈述、分别讯问、共同举证质证、分别辩论和最后陈述的方式）

（2）被告人______可以就起诉书指控的犯罪事实进行陈述。

（3）被害人可以向法庭陈述被害经过。

22. 审判长：（如系共同犯罪案件中的被告人）

根据《最高人民法院关于适用〈中华人民共和国刑事诉讼法〉的解释》第×××条关于共同犯罪案件中的被告人，应当分别进行讯问。法庭先审被告人×××，请法警将其余被告人带下候审。

（二）讯问和发问

23. 审判长：下面按照下列顺序依次讯问或者发问被告人：公诉人、被害人及其诉讼代理人；附带民事诉讼原告人及其法定代理人或者诉讼代理人可以就附带民事部分向被告人发问；被告人的法定代理人、辩护人、审判人员。

（1）公诉人有权讯问被告人。公诉人可以就起诉书中指控的犯罪事实讯问被告人；

（2）经审判长准许，被害人及其诉讼代理人，可以就公诉人讯问的情况进行补充性发问；

（3）经审判长准许，附带民事诉讼原告人及其法定代理人或者诉讼代理人，可以就附带民事诉讼部分的事实向被告人发问；

（4）经审判长准许，被告人的辩护人及法定代理人或者诉讼代理人可以在控诉一方就某一具体问题讯问完毕后向被告人发问；

（5）经审判长准许，控辩双方可以向被害人、附带民事诉讼原告人发问；

（6）审判人员可以讯问和发问。（问明，被告人是否自愿承认有罪？辩护人是作有罪还是无罪辩护？辩护人或是认为不构成公诉人宣读起诉书中指控的犯罪？）

（三）定罪事实的调查

24. 审判长：（定罪事实调查举证顺序）鉴于被告人不认罪、辩护人作无罪辩护、辩护人认为不构成公诉人起诉书中指控的犯罪。法庭调查首先调查定罪事实（犯罪事实），然后调查量刑事实。现在针对本案的定罪事实，由控辩双方进行举证、质证。

（1）先由公诉人向法庭宣读、出示证据，并说明该证据所证明的问题，由被告人对上述证据发表质证意见；

（2）经审判长准许，被害人及其诉讼代理人和附带民事诉讼原告人及其诉讼代理人提出定罪事实和证据，由被告人和辩护人进行质证；

（3）由被告人、辩护人向法庭宣读、出示证据，并说明该证据所证明的问题，由公诉人对上述证据发表质证意见；

（各诉讼参与人逐一对公诉人、被告人及其辩护人出示证据发表质证意见，如有不同意见，由控辩双方进行质辩。）

（4）对附带民事诉讼，先由附带民事诉讼原告人一方举证，再由附带民事诉讼被告人一方举证。

［举证过程中应注意］

（1）物证应当出示原物，并说明证据的来源、证明对象等。不能出示原物的，应当说明理由，并出示相应的照片、复制品等证据材料。

（2）书证应当出示原件，并当庭宣读，说明证据的来源、证明对象等。不能出示原件的，应当说明理由，并出示复印件、抄录件等证据材料。

（3）视听资料应当出示原始载体，并当庭播放，说明证据的来源、证明对象等。不能当庭播放和出示原始载体的，应当说明理由，并出示抄录件等证据材料。

（4）证人书面证言、被害人陈述的笔录应当出示原件，并当庭宣读，说明证据的来源、证明对象等。如果该证人、被害人提供过内容不同的证言、陈述的，法庭应当要求公诉人提交该证人、被害人的全部证言和陈述笔录一并审查或者传唤其出庭作证。

（5）被告人的供述应当出示原件，并当庭宣读，说明证据的来源、证明对象等。

（6）鉴定意见和勘验检查笔录应当出示原件，并当庭宣读，说明证据的来源、证明对象等。同时应当说明鉴定人、勘验检查人员不能出庭作证的原因。如果鉴定人、勘验检查人员对同一事实有多份内容不同的鉴定结论、勘验检查笔录的，法庭应当要求公诉人提交全部鉴定意见、勘验检查笔录一并审查或者传唤其出庭作证。

25. 审判长：传证人______出庭作证。

（证人到庭后）

现在核实证人身份。请证人讲清你的基本情况（出示证明其身份的证件）？证人与当事人以及本案的关系？

（1）现在告知证人：你应如实提供证言。有意作伪证或隐匿罪证要负的法律责任？你听明白了吗？

（2）请证人在《如实作证保证书》上签名，捺指印（完成后）。

（3）根据法庭所提示的调查事项，由证人就其了解的情况作连贯性陈述。

（4）向证人发问，顺序是：

①先由提请传唤的一方进行（法庭指示证人答问）；

②另一方发问（法庭指示证人答问）；

③由合议庭成员询问；

④控辩双方质辩。

26. 审判长：请证人阅读校对笔录，确认无误后签名或盖章。

（证人核对笔录后）

审判长：法律规定，证人不得旁听对本案的审理。请证人退出法庭。

（鉴定人、勘验检查人员、专家出庭作证的具体程序，参照证人出庭作证的程序举行。其中，鉴定人出庭作证时，应当确认当事人是否申请回避。）

（四）量刑事实的调查

27. 审判长：现在法庭调查量刑事实。

量刑事实包括三个阶段的事实，两个方面的情节。即犯罪前、犯罪中、犯罪后三个阶段的事实；法定（从重、从轻、减轻或免除刑事处罚）和酌定量刑两个方面的情节。

现在由控辩双方提出事实和证据，并进行质证。

（五）申请通知新的证人到庭

28. 审判长：公诉人、被告人及其他诉讼参与人是否申请通知新的证人到庭、调取新的证据、重新鉴定或者勘验检查？

审判长：逐一进行询问

（如有申请，应提供证人姓名、证据存放的地点并说明所要证明的案件事实，或重新鉴定勘验的理由，合议后认为可能影响事实认定的，应当同意，申请并宣布延期审理，不同意的应当庭驳回申请并继续开庭。）

（六）宣布认证结论

审判长：经合议庭评议，对当庭质证的证据作出的认证结论是×××。

（七）对附带民事诉讼部分进行法庭调查

29. 审判长：对附带民事诉讼部分进行法庭调查。

（由双方当事人围绕法庭归纳的争议焦点及诉讼请求进行举证、质证，最后由法庭认证。）

四、法庭辩论

30. 审判长：合议庭认为，本案事实已经调查清楚。现在法庭调查结束，下面进行法庭辩论。在法庭辩论阶段，控辩双方先进行定罪辩论；在定罪辩论结束后，进行量刑辩论。

（一）定罪辩论

（被告人认罪，且辩护人作有罪辩护还同意指控罪名的，直接进行量刑辩论。）

31. 审判长：鉴于被告人不认罪（或辩护人作无罪辩护，不同意指控罪名的辩护），控辩双方及被害人应首先围绕本案犯罪事实与定性（罪与非罪、此罪与彼罪）问题进行辩论。

（1）由公诉人就本案犯罪事实与罪名发表公诉意见。

（2）由被害人、附带民事诉讼原告人及其诉讼代理人就本案定罪发表意见。

（3）由被告人发表辩解意见。

（4）由辩护人发表辩护意见。

（如有法定代理人、附带民事诉讼被告人及其诉讼代理人的亦应发表辩论意见。）

（在辩论过程中发现有关案件事实需要进行调查，或者需要对有关证据进行审查的，应当宣布：中止法庭辩论，恢复法庭调查。）

（控辩双方意见悬殊较大的，可进行第二轮辩论，但不得重复上一轮意见。审判长可限定当事人及其诉讼代理人发表意见的时间。）

（二）量刑辩论

（对被告人认罪的案件，可不再进行定罪辩论。）

32. 审判长：现在由控辩双方围绕本案量刑进行辩论，发表量刑建议或意见，并说明理由和依据。

（1）由公诉人宣读量刑建议书或发表量刑建议。提出建议对被告人处以刑罚的种类、刑罚幅度、刑罚执行方式及其理由和依据。

（2）被告人和辩护人对公诉人的量刑意见有无答辩意见。

被告人：

辩护人：

法定代理人：

（3）控辩双方再有无新的辩论观点？

或

审判长：在刚才第一轮的法庭辩论中，公诉人、被告人、辩护人发表了各自的意见，辩论各方的争议焦点是……（审判长进行归纳、概括）。在第二轮的辩论中，辩论各方应围绕争议焦点发表意见。

审判长：公诉人，还有什么新的意见？

公诉人：

审判长：被告人 ×××，你还有什么需要辩护的？

被告人：

审判长：辩护人还有什么新的辩护意见？

辩护人：

（三）刑事部分法庭辩论小结

33. 审判长：法庭已经充分听取了公诉人、被害人、被告人、辩护人的意见，并已记录在案，本庭将在合议庭评议时，对辩论双方的意见予以分析判断。辩论各方如果还有意见，可以在休庭后以书面方式提供给法庭，或提供电子文档。现在法庭辩论结束。

（四）附带民事部分的辩论

34.［如有附带民事部分的］

审判长：现在就附带民事部分进行法庭辩论。

审判长：附带民事诉讼原告人×××，你现在可以向法庭陈述。

原告人：

审判长：附带民事诉讼被告人×××，你现在可以向法庭陈述。

被告人：

审判长：附带民事诉讼原告人×××，你是否接受调解？

原告人：

审判长：附带民事诉讼被告人×××，你是否接受调解？

被告人：

审判长：法庭已充分听取了原被告双方的意见，并已记录在案。

审判长：法庭辩论结束。

五、被告人最后陈述

35. 审判长：根据《刑事诉讼法》第×××条规定，“法庭辩论终结后，被告人（其他当事人）有最后陈述的权利。”被告人×××，你最后还有什么要向法庭陈述的？

被告人：

（根据司法解释规定，如果被告人在最后陈述中多次重复自己的意见，审判长可以制止；如果陈述内容是蔑视法庭、公诉人，损害他人及社会公共利益或者与本案无关的，应当制止；在公开审理的案件中，被告人最后陈述的内容涉及国家秘密或者个人隐私的，也应当制止。）

36. 审判长：根据《民事诉讼法》第×××条规定，法庭辩论终结，征询各方最后意见。

（1）附带民事诉讼原告人及其诉讼代理人最后意见；

（2）附带民事诉讼被告人及其诉讼代理人最后意见。

六、休庭评议

（一）定期宣判的情形

37. 审判长：今天的法庭审理即将结束。下面将休庭由合议庭依法进行评议，待合议庭评议后另行定期宣告判决。休庭后，诉讼参与人应当查阅庭审笔录，如果笔录记载有遗漏或者差错，可以要求补充或者更正。确认无误后，应当在笔录上签名并且按捺指印。之后，将被告人还押看守所。

审判长：现在休庭（敲击法槌一下）。

（二）当庭宣判的情形

38. 审判长：下面合议庭将休庭进行评议，评议大约需要 ××× 分钟，在 ××× 时 ××× 分继续开庭。现在休庭（可以轻敲法槌一次）。

（三）退庭程序

39. 书记员：请全体起立！请审判人员退庭评议。

（审判长率合议庭人员从法官通道退出法庭。）

七、宣判程序

［合议庭评议后］

40. 审判长：（击法槌）现在继续开庭。传被告人 ××× 到庭。

审判长：通过刚才的法庭审理，法庭核实了本案的事实，并对本案的证据进行了质证，又听取了公诉人、被告人、辩护人的意见及被告人的最后陈述，合议庭经评议认为（内容包括合议庭认定的事实、证据，对公诉人、辩护人的意见和被告人的辩解所作的评价及适用法律）。

审判长：判决如下。

书记员：全体起立。

审判长：宣布判决主文（击法槌）。

书记员：请坐下。

审判长：被告人 ×××，刚才法庭作出了口头宣判，判决书将在五日内送达。如不服本判决，可在接到判决书的第二天起十日内通过本院或直接向 ×× 市中级人民法院（或 ××× 省高级人民法院）提出上诉。书面上诉的，应递交上诉状正本1份、副本 1 份。

审判长：将被告人 ××× 还押。闭庭（击法槌）。

【参考范例】

刑事二审庭审提纲

时间：×× 年 × 月 × 日至 ×××。

地点：本院第 × 法庭

是否公开：是或否。

旁听人数：约 ×× 人。

审判人员：×××、×××、×××。

书记员：×××。

书记员：现在宣布法庭纪律，旁听人员必须遵守下列纪律：

一、未经许可，不得录音、录像和摄影；

二、不得随意走动和进入审判区；

三、不得鼓掌、喧哗、哄闹和实施其他妨害审判活动的行为；

四、不得发言、提问，对法庭审判活动如有意见，可以在闭庭后以书面形式向本院提出；

五、随身携带的移动电话关机。

[对于违反法庭纪律的旁听人员，审判长（或审判员）可以口头警告、训诫或责令其退出法庭，直至依法追究刑事责任。]

书记员：请检察员、辩护人入庭。

书记员：全体起立。请审判长、审判员（或人民陪审员）入庭。

书记员：报告审判长，法庭审理准备工作完毕。请开庭。

审判长：（击法槌）现在开庭。传原审被告人 ××× 到庭。

审判长：法警将被告人的戒具解除。

审判长：原审被告人，你的姓名？还有没有其他名字？

被告人：

审判长：你的出生年月日、出生地？

被告人：

审判长：什么民族？

被告人：

审判长：什么文化程度？

被告人：

审判长：原来在什么单位工作（或案发前有无职业）？

被告人：

审判长：户籍所在地在哪里（如被告人的户籍所在地与居住地不一致的，应问清居住地在哪里）？

被告人：

审判长：以前是否受过刑事处罚（如果受过刑事处罚，应问清何时、何地、因何罪受何种刑事处罚；如果关系到是否构成累犯，应问清何时刑满释放）？

被告人：

审判长：因本案什么时间被刑事拘留、逮捕（如果实际羁押日期同拘留、逮捕日期不一致的，应问清何时被羁押）？

被告人：

［被告人人数众多的，可由书记员在庭前核实身份情况。庭审中，审判长只需讯问被告人对一审判决书所认定的身份情况有无异议（二审参照一审）］

审判长：×××省××市（××市××区、县）人民法院于××××年×月×日对被告人×××作出（20××）×刑字第×号刑事判决。原审被告人×××，这份判决书是否收到？是否提出上诉？［如果是抗诉的，还应加：×××省××市（××市××区、县）人民检察院的抗诉书副本是否收到？什么时候收到？］

被告人：

审判长：×××省××市中级（或×××省高级）人民法院依照《刑事诉讼法》的有关规定，今天开庭公开审理被告人×××（姓名、案由）上诉（或抗诉）一案［或：因本案涉及国家秘密（或个人隐私或未成年人犯罪)，今天开庭不公开审理被告人 ××× 一案]。

审判长：现在宣布合议庭组成人员、书记员、出庭执行职务的检察员和辩护人名单。

本合议庭由审判员(或院长、副院长等审判职务)×××、×××、××× 组成，由 ××× 担任审判长，书记员 ××× 担任法庭记录。××× 省 ×× 市人民检察院检察员 ×××、××× 出庭执行职务

[如有翻译人员、鉴定人出庭的，应宣布翻译人员、鉴定人的姓名、工作单位、职务]

今天出庭为上诉人 ××× 辩护的是上诉人 ××× 委托的 ×× 律师事务所律师 ×××[如系指定辩护人，审判长应宣布：今天出庭为上诉人 ××× 辩护的是由本院通知 ×× 法律援助中心指派 ×× 律师事务所律师 ×××]。

[被告人没有委托辩护人的，应宣布：被告人 ××× 没有委托辩护人]

审判长：根据《刑事诉讼法》的规定，上诉人(其他当事人)在二审庭审中享有申请回避的权利，也就是说上诉人(其他当事人)认为合议庭的组成人员、书记员、检察员(鉴定人、翻译人员)与本案有利害关系或者其他关系可能影响公正审理本案的，可以提出理由要求调换。上诉人(其他当事人)×××，你是否要求申请回避?

上诉人：

审判长：根据《刑事诉讼法》的规定，上诉人(其他当事人)在二审庭审中还享有下列诉讼权利：

一、可以提出新的证据，申请通知新的证人到庭、调取新的物证、申请重新鉴定或者勘验；

二、可以自行辩护，也可以委托律师辩护；

三、在法庭辩论结束后还可以作最后陈述。

上诉人（其他当事人）×××，法庭宣布的上述诉讼权利，你听清楚了没有？

上诉人：

［如有其他当事人的，应核对其身份，并告知相关诉讼权利］

审判长：现在进行法庭调查。首先由本庭宣读（20××）×刑×字第×号刑事判决书的主要内容（包括原判查明的事实、本院认为部分及判决结果）。

审判长：上诉人×××，你现在可以向法庭陈述你的上诉理由［如系抗诉或上诉暨抗诉案件，先由检察员宣读抗诉书］。

上诉人：

审判长：辩护人，对本案的事实部分是否需要向上诉人发问？

辩护人：

审判长：检察员，对本案的事实部分是否需要向上诉人讯问？

检察员：

［如系上诉案件，按先辩护人后检察员的顺序发问；如系抗诉或上诉暨抗诉案件，按先检察员后辩护人的顺序发问；被害人及其法定（诉讼）代理人出庭的，可以就检察员的发问情况进行补充性发问；被告人的法定代理人可以在辩护人发问后进行发问］

［法庭亦可以讯问被告人］

审判长：×××省××市（××市××区、县）人民法院开庭审理本案时，公诉人出示了下列证据，并在（20××）×刑字第×号刑事判决书中予以确认（概述原判证据的主要内容）。

审判长：上诉人（其他当事人）×××，你在×××省××市（××市××区、县）人民法院开庭审理本案时，对上述证据已经发表了意见，在今天的法庭上，你对上述证据还有什么新的意见？

上诉人：

审判长：辩护人，对上述证据有什么意见？

辩护人：

审判长：检察员，对上述证据有什么意见？

检察员：

审判长：上诉人（其他当事人）×××，你有什么新的证据要向法庭提供的？

上诉人：

审判长：辩护人有什么新的证据要向法庭提供的？

辩护人：

审判长：检察员有什么新的证据要向法庭提供的？

检察员：

［如辩护人或检察员需出示新的证据，审判长应要求说明新的证据的来源、所要证明的事实］

审判长：辩护人（或检察员），你要求出示什么新的证据？来源？

辩护人（或检察员）：

审判长：辩护人（或检察员）要求出示的证据所要证明什么

事实？

辩护人（或检察员）：

审判长：辩护人（或检察员），现在可以出示。

审判长：上诉人×××，对辩护人（或检察员）出示的新的证据有什么意见？

上诉人：

审判长：检察员（或辩护人），对辩护人（或检察员）出示的新的证据有什么意见？

检察员（或辩护人）：

［如辩护人或检察员申请证人出庭作证］

审判长：传证人×××到庭。

审判长：证人，你的姓名？

答：

审判长：你的年龄？

答：

审判长：什么民族？

答：

审判长：什么文化程度？

答：

审判长：你和当事人（本案）是什么关系？

答：

审判长：证人×××，本院审理××（案由）案，通知你出庭作证。你应当如实地向法庭提供证言，根据法律规定，如故意作伪证或隐匿罪证，要负法律责任，你听清楚了没有？

答：

审判长：证人 ×××，现在你在如实作证的保证书上签名。

［询问证人先由申请传唤的一方进行，然后由对方询问，法庭也可以询问证人］

审判长：证人 ×××，今天你在法庭上的证言，法庭已记录在案，闭庭后你应当阅看庭审记录中你的证言部分，如记载有遗漏或差错，可以请求补充或更正，并在笔录上签名。证人 ×××，你听清楚了没有？

答：

审判长：证人 ××× 退庭。

［如证人需要通过隐蔽作证系统作证的，审判长先说明需要通过隐蔽作证系统作证的理由，然后宣布：法庭准许证人 ××× 通过隐蔽作证系统作证。传证人 ××× 到庭。（作证经过同上）］

审判长：××× 省 ×× 市（×× 市 ×× 区、县）人民法院在判决书中列举的认定本案事实的证据，在一审开庭审理时，当庭宣读、出示并质证，在本院审理时，法庭又听取了各方的意见，法庭认为一审判决书所列证据合法有效，应予确认。

［如有附带民事部分的］

审判长：现在法庭对本案的附带民事部分进行调查。

审判长：上诉人（原审附带民事诉讼原告人或附带民事诉讼被告人）×××，你现在可以向法庭陈述你的上诉理由。

答：

审判长：原审附带民事诉讼原告人（或附带民事诉讼被告人）×××，现在可以答辩。

［审判人员可以视情况发问］

审判长：上诉人（原审附带民事诉讼原告人或附带民事诉讼被告人）×××，你有什么新的证据要向法庭提供的？

答：

［如有新的证据出示，应对该证据进行质证］

审判长：法庭调查结束，现在进行法庭辩论。

审判长：根据《刑事诉讼法》的规定，上诉人有自行辩护的权利。上诉人×××，你可以为自己进行辩护。

被告人：

审判长：现在由辩护人发表辩护意见。

辩：

审判长：现在由检察员发表出庭意见。

检：

审判长：在刚才第一轮的法庭辩论中，上诉人、辩护人、检察员发表了各自的意见。辩论各方的争议焦点是［审判长进行归纳、概括］。在第二轮的辩论中，辩论各方应围绕争议焦点发表意见。

审判长：上诉人×××，你还有什么需要辩护的？

被告人：

审判长：辩护人还有什么新的辩护意见？

辩：

审判长：检察员还有什么新的意见？

检：

审判长：法庭已充分听取了上诉人、辩护人、检察员的意见，并已记录在案。本庭将在合议庭评议时对辩检双方的辩论意见予以分析判断。

［如有附带民事部分］

审判长：现在就附带民事部分进行法庭辩论。

审判长：上诉人（原审附带民事诉讼原告人或附带民事诉讼被告人）×××，你现在可以向法庭陈述辩论理由。

答：

审判长：原审附带民事诉讼原告人（或附带民事诉讼被告人）×××，你现在可以向法庭陈述辩论理由。

答：

审判长：上诉人（原审附带民事诉讼原告人或附带民事诉讼被告人）×××，你是否接受调解？

答：

审判长：原审附带民事诉讼原告人（或附带民事诉讼被告人）×××，你是否接受调解？

答：

审判长：法庭已充分听取了原被告双方的意见，并已记录在案。［如果双方同意接受调解的，可以宣布：本案民事部分，本庭将在庭后予以调解］

审判长：法庭辩论结束。根据《刑事诉讼法》的规定，上诉人（其他当事人）有最后陈述的权利。上诉人（其他当事人）×××，你最后还有什么要向法庭陈述的？

答：

［如定期宣判的］

审判长：今天经过法庭调查，法庭辩论，并听取被告人最后陈述，本审判长代表合议庭对庭审情况作一归纳小结［小结内容可以包括原判认定的主要事实、主要证据、定罪量刑、主要上诉理由、辩论双方主要意见等］［接着讲明定期宣判理由，如案情重大、复杂等］，待合议庭评议后将另行定期宣告判决。退庭后，上诉人（其他当事人）应当阅看庭审记录，如记载有遗漏或差错，可以要求补充或更正，确认无误后，应在笔录上签名。

审判长：上诉人（其他当事人）×××，你听清楚没有？

答：

审判长：将被告人×××（原审被告人）还押。休庭。［击法槌］

［如当庭宣判的］

审判长：现在休庭×分钟（如果评议时间不能确定，可以不确定具体时间），合议庭对本案评议后将进行宣判。退庭后，上诉人（其他当事人）应当阅看庭审记录，如记载有遗漏或差错，可以要求补充或更正，确认无误后，应在笔录上签名。

审判长：上诉人（其他当事人）×××，你听清楚没有？

答：

审判长：将上诉人（原审被告人）×××还押。休庭。［击法槌］

［合议庭评议后］

审判长：［击法槌］现在继续开庭。传上诉人（原审被告人）

×××到庭。

审判长：通过刚才的法庭审理，法庭已充分听取了上诉人的上诉理由，辩护人、检察员辩论意见及上诉人的最后陈述，核实了本案的事实和证据，合议庭经评议认为［内容包括合议庭对原判认定的事实、证据、判决结果及适用法律的意见（如：被告人×××贩卖毒品海洛因×克的事实清楚，证据确实、充分，其行为已构成贩卖毒品罪，原判根据《刑法》第×××条第×款、第×款第×项的规定，对被告人×××以贩卖毒品罪判处××，适用法律正确，量刑适当，审判程序合法），及合议庭对上诉人的上诉理由，辩护人、检察员的辩论意见作出的评价，根据《刑事诉讼法》第×××条第×项的规定，裁定（判决）如下］。

书记员：全体起立。

审判长：宣布裁定（判决）主文。［击法槌］

审判长：上诉人×××，刚才法庭作出了口头宣判，本裁定（判决）的书面文本将在五日内送达。

审判长：宣判完毕。将上诉人×××还押。闭庭。［击法槌］[①]

---

① 参见浙江省高级人民法院编印：《刑事审判实务技能手册》（2008年）。

专题三　拟制庭审预案

所谓庭审预案，是指根据庭前预测，针对庭审中潜在的或可能发生的安全事故的类别和影响程度而事先制订的应急处置方案。预案即预备方案，从文种性质来讲，它属于工作计划的一类，但具有类似“方案”的专一性、专业性、周密性、时限集中性等特点。庭审中突发情况的预案在上述庭审提纲中已有所涉及，本专题主要侧重一些庭审中常见问题类情形以及处置预案加以阐述。就具体问题来说，庭审中需要事先拟制的各种预案主要有：

一、有关申请回避方面的预案

1. 当事人（被告人、附带民事诉讼原告人、被害人）当庭申请审判人员、书记员、翻译、鉴定人或者检察人员回避的情形及处置预案。庭审中，如果当事人（或者法定代理人）提出申请回避的理由不符合《刑事诉讼法》第 ×× 条、第 ×× 条规定的情形，[1] 可宣布：

“当事人（或者法定代理人）××× 提出要求 ××× 回避，不符合《刑事诉讼法》第 ×× 条、第 ×× 条规定，法庭予以驳回。”

① 鉴于《刑事诉讼法》随着时间的推移又可能修改，故本书对有关具体法条没有明确引用，请读者在实践操作过程中注意自行填入。

如果当事人（或者法定代理人）提出申请回避的理由可能符合《刑事诉讼法》第 ×× 条、第 ×× 条规定的情形，可宣布：

“当事人（或者法定代理人）××× 提出要求 ××× 回避，根据《刑事诉讼法》第 ×× 条、第 ×× 条规定，应由本院院长决定。现在休庭，将被告人还押，听候传讯。”

如经休庭后审查仍不符合申请回避的法律规定应当予以驳回的，重新开庭后可宣布：

“当事人（或者法定代理人）××× 提出要求 ××× 回避，不符合《刑事诉讼法》第 ×× 条、第 ×× 条规定需要回避的情形，经本院院长决定，法庭予以驳回。”

如当事人（或者法庭代理人）要求检察人员回避，且可能符合《刑事诉讼法》第 ×× 条规定的，可宣布：

“当事人（或者法定代理人）××× 要求公诉人 ××× 回避，根据《刑事诉讼法》规定，应由 ××× 检察院检察长决定，现在休庭，将被告人还押，听候传讯。”

如经休庭后审查仍不符合《刑事诉讼法》规定的回避情形，或经 ××× 检察院检察长决定驳回申请的，处置方法同上。

2. 被告人提出法庭宣布的申请回避权利没有听清楚或者没有听明白的情形及其处置预案。如被告人没有听清楚的，可以再次告知相关诉讼权利。如被告人没有听明白，不清楚什么是“回避”的，应当将法律规定相关权利以“申请换人审理”等通俗易懂的语言作出相应的解释。

3. 被害人以被告人的辩护人所作的辩护与事实不符为由要求辩护

人回避的情形及处置预案。可告知:

“根据法律规定辩护律师不属于申请回避的人员。被害人要求被告人的辩护人回避，法庭不予准许。”

4. 被告人当庭要求调换翻译或申请回避的情形及处置预案。在实践中，法庭应当注意审查翻译人员的资质、水平以及与本案有无利害关系等情况，认真选聘适格的翻译人员。庭审中，如被告人无理取闹的，可宣布：被告人×××，经法庭审查，担任本案翻译人员的资格符合法律规定，你要求更换或申请回避的理由不能成立，法庭不予准许。如被告人要求更换翻译人员或申请回避的理由充分的，可宣布:

“鉴于被告人要求更换翻译人员或申请翻译人员回避，法庭现在休庭。”

5. 被告人或被害人要求证人回避的情形及处置预案。一旦遇到此种情形，法庭可告知:

“被告人（被害人）×××，法庭依法通知证人×××到庭作证，根据法律规定，证人不属于法定回避的对象，你要求证人回避，法庭不予准许。”

二、有关证人、鉴定人出庭作证的预案

1. 法庭宣布被告人享有诉讼权利时，被告人即先提出要求申请通知新的证人到庭、调取新的证据、申请重新鉴定或者勘验的情形及处置预案。可告知:

“被告人×××，你可以在以后的法庭调查阶段依法行使该项诉

讼权利。”

2. 公诉人提出旁听人员中有没有出庭作证的证人情形及处置预案。在庭审之前，书记员应注意事先通过向被告人或被害人方亲属、辩护人了解等途径，核对旁听人员的基本情况。庭审中，如果公诉人提出旁听人员中有本案证人，可以先询问公诉人参加旁听证人的情况，如属实的，法庭可宣布：

“根据法律规定，证人不能参加本案的旁听，请证人 ××× 现在离开法庭。”

如证人 ××× 不离开法庭的，审判长可以发出指令：

“下面，请法警将证人带出法庭。”

3. 法庭发现旁听人员中有将要出庭的证人、鉴定人情形及处置预案。实践中，法庭应当注意庭前就告知证人、鉴定人不得在作证前参加庭审旁听，并注意安排证人、鉴定人在专门场所等候出庭。万一在庭审时发现证人、鉴定人出现在旁听席，审判长应宣布：

“根据法律规定，证人、鉴定人不能旁听庭审，请法警将该证人、鉴定人带离法庭。”

4. 旁听人员当庭要求作证的情形及处置预案。庭审过程中，有的旁听人员会突然要求当庭作证。此时，法庭可告知：

“根据法律规定，证人不能旁听庭审，你如有需要作证的事实，可以提供书面材料。”

5. 被告人当庭要求公诉人所宣读的证人证言、鉴定意见的有关证人、鉴定人出庭的情形及处置预案。此时，法庭应讯问被告人，你对证人 ××× 的证言（或鉴定人的鉴定意见）有什么意见及要求证人、鉴定人出庭的理由。

如合议庭认为该证人（或鉴定人）没有必要到庭的，可宣布：

“证人×××已对××事实作出证明（或鉴定人×××已对××事实作出鉴定）符合法律规定的形式要件，法庭认为，没有必要通知证人（或鉴定人）×××出庭，对被告人的辩解，法庭已予注意，并记录在案。”

如合议庭认为对证人的证言或鉴定人的鉴定意见有疑问，且有可能影响对被告人定罪量刑的，可宣布：

“鉴于被告人对证人×××的证言（或鉴定人×××的鉴定意见）提出异议，根据《刑事诉讼法》有关规定，合议庭将对此节证据进行复核，现在休庭。”

6. 辩护人要求向证人、被害人发问时，证人、被害人拒不回答的情形及处置预案。此时，法庭可告知：

“证人（或被害人）×××，根据《刑事诉讼法》第×××条的规定，凡是知道案件情况的人，都有作证的义务。你应当回答辩护人的提问。”

如证人（或被害人）仍拒不回答的，可宣布：

“证人（或被害人）×××拒绝回答辩护人的提问，法庭已予注意，并记录在案。”

7. 证人作证后要求旁听的情形及处置预案。遇到此种情形，法庭在证人作证后，可以在休庭期间让证人阅看证词并签字，然后可允许证人旁听。如证人作证后仍继续开庭审理的，为防止证人参加旁听后推翻原来证言，影响法庭审理的，可宣布：

“证人 ××× 不得参加旁听，你可以退庭。”

8. 被告人、辩护人申请通知新的证人到庭，调取新的证据，重新鉴定勘验的情形及处置预案。此时，应先问明申请通知该证人的姓名或该证据存放地点、拟证明什么事实及重新鉴定或勘验的理由。如系与案件无关或重复的证据，告知：

“根据《刑事诉讼法》规定，辩护人（或被告人）申请……证据，与案件无关（或与法庭调查中已出示、宣读的证据重复，或不影响查明本案、本节事实），法庭不予准许。现在继续进行法庭调查。”

如法庭认为可能影响案件事实认定的，可宣布：

“法庭同意辩护人（或被告人）的申请，依照《刑事诉讼法》规定，本案延期审理，现在休庭。”

三、有关辩护人委托或拒绝辩护的预案

1. 被告人没有委托辩护人，当庭要求委托律师辩护或要求法院通知法律援助中心指派辩护人的情形及处置预案。委托或通知法律援助中心指派辩护人等事项，一般来说，应尽可能在庭前解决。遇到此种情形，如被告人有条件委托辩护人，法庭准许的，可宣布：

“本案延期审理，现在休庭。”

如无条件委托律师的，应告知原因，并告知被告人可自行辩护。

如不符合通知指派辩护人条件的，可告知：

“本院向你送达起诉书副本时，已告知你有权申请通知指派辩护人，你已放弃该项权利，现在申请通知指派辩护人，又没有提供相关

证明，法庭不予准许，你可以自行辩护。”

2. 辩护人依照有关规定，当庭拒绝继续为被告人进行辩护的情形及其处置预案。遇到此种情形，法庭可宣布：

“辩护人拒绝为被告人进行辩护，符合有关规定的，法庭予以准许，辩护人可以退庭。”

如被告人当庭要求另行委托辩护人的。可宣布：

“由于被告人要求另行委托辩护人，法庭予以准许，本案延期审理，现在休庭。”

如被告人当庭要求另行指定辩护人，符合指定辩护人的条件，法庭准许的，处置同上。

3. 重新开庭后，被告人再次当庭拒绝重新委托的辩护人或人民法院重新通知指派的辩护律师为其辩护的情形及其处置预案。如被告人是成年人的，可宣布：法庭予以准许，并记录在案，被告人可自行辩护。如被告人具有《刑事诉讼法解释》第×××条规定情形的，可宣布：被告人再次拒绝辩护人为其辩护，根据法律规定，法庭不予准许。

四、有关法庭问答的预案

1. 被告人不回答法庭或公诉人讯问的情形及处置预案。遇到此种情形，法庭宜先查清被告人是否具有语言障碍，如有语言障碍，可用普通话、方言或通俗语言分别发问。实践中，可告知：

“被告人×××，你应当如实回答法庭的提问，你听清楚没有？”

在排除语言障碍的情况下，如被告人拒不回答法庭提问的，可宣布：

"被告人拒绝回答法庭提问，法庭记录在案。"

实践中，有的被告人拒绝回答公诉人的讯问。遇到此种情形，法庭可告知：

"被告人×××，依照《刑事诉讼法》第×××条的规定，对一切案件的判处都要重证据，重调查研究，不轻信口供。只有被告人供述，没有其他证据，不能认定被告人有罪和处以刑罚。没有被告人供述，证据确实充分的，可以认定被告人有罪和处以刑罚，被告人是否听清楚了？"

"被告人应当如实回答公诉人的讯问。"

如被告人继续拒绝回答的，可宣布：

"被告人拒绝回答公诉人的讯问，法庭记录在案。"

或问：公诉人，刚才讯问被告人的问题，被告人在公安、检察机关讯问时是否有过供述？如公诉人表示被告人曾作过供述的，可宣布：

"公诉人可以宣读被告人以前对这一问题的供述。"

如被告人归案后始终未供述的，可宣布：

"被告人拒绝回答公诉人的讯问，法庭已记录在案，辩护人可以就起诉指控被告人的犯罪事实向被告人发问。"

2. 被告人针对法庭提问答非所问的情形及其处置预案。此时，法庭应注意审查被告人是否具有相当的辨认和控制自己行为的能力，回答不切题是否由于精神疾病等因素造成，在排除精神因素的前提下，可告知：

"被告人×××，你应当针对法庭的提问回答问题。"

实践中，如果被告人不针对公诉人、检察员的讯问回答，或答非所问，此时，亦可告知：

“被告人×××，你要针对公诉人或检察员的讯问作出回答。”

3. 被告人对自己的身份情况回答不出或回答有误的情形及其处置预案。可按起诉书或原审判决书列明的被告人情况直接讯问。如：

“被告人×××，一审判决书认定你的出生年月日、住址，以及被刑事拘留、逮捕的时间等基本情况是否正确？”

针对部分问题，可直接讯问：

“被告人×××，你是否住在×××？”或“是否在××年××月××日被逮捕？”

实践中，如被告人的年龄属于14、16、18周岁临界点的，可进一步讯问被告人的生肖、出生地点等相关事实。

4. 被告人提出要会见家属后才回答发问的情形及其处置预案。此时，可告知：被告人×××，现在进行法庭审理，你应当回答法庭（或公诉人、辩护人）的发问。你要会见家属，法庭将在庭审后按有关规定处理。

五、有关检举揭发的预案

（一）被告人当庭提出检举揭发的情形及其处置预案

根据法律和司法解释规定，被告人在一、二审审理期间检举揭发他人犯罪行为或者提供侦破其他案件的重要线索，人民法院经审查认为该线索内容具体、指向明确的，应及时移交有关人民检察院或者公安机关依法处理。因此，在法庭审理过程中，遇到被告人要求检举揭发的情形，要慎重对待、依法处理。一般情况下，实践中，提倡在庭前要注意通过提讯、听取辩护人和公诉人意见等途径事先掌握被告人有无检举揭发的情况，如果庭前掌握该情况，则可让被告人先对检举揭发的内容以书面形式提交，这样在法庭上就可简单一些，不涉及具体的线索或内容。如果事先不掌握，被告人当庭提出检举揭发的，要视检举揭发的内容、是否有利于保护检举人、是否有利于线索的查处等具体情况而定。一般来说，在不影响线索查处、不影响检举人保护的情况下，经过法庭容许，应当容许其发言检举，并可以提供相关证据。如果法庭能处理的，直接处理。法庭不能处理的，可在庭后转交相关部门处理。如果检举发现尚有其他被告人没有到案，影响本案定性或判决的，可以宣布休庭。如果法庭认为当庭发表检举内容不利于对检举人的保护以及线索查处的，可告知检举人概括陈述检举内容，具体内容则可以书面形式于庭后提交。

（二）被告人当庭检举同案犯的情形及其处置预案

实践中，有时会遇到被告人要求检举揭发同案犯其他犯罪行为的情形，此时是否允许被告人当庭检举同案犯，存在一定的争议。我们认为，检举揭发同案犯的其他犯罪事实，属于公民举报、控告犯罪行为的范畴，不仅需要保护检举人，且需要对检举线索进行一定程度的保密。如果公开审理当中不注意保密，特别是在同案犯的亲属旁听庭审的情况下，更易导致同案犯的亲属率先获取信息，使其有充分的时间毁灭罪证，阻碍侦查，导致一些有价值的线索证据无法固定，从而错过了侦查良机，放纵了犯罪分子。因此，对于被告人当庭要求检举揭发同案犯的，法庭可以另行开庭审理或告知检举人以书面形式将检举揭发材料呈交法庭，法庭将会依法进行查证。

（三）辩护人（或公诉人）对被告人的检举揭发，要求当庭查实的情形及其处置预案

一般情况下，除已经查证属实的证据当庭予以质证，尚在侦查中的不予当庭查实，可宣布：

“被告人的检举揭发，尚在侦查中。庭审后，合议庭将予以核实。”

专题四　制定庭审保障工作方案

对于一些社会影响大、媒体高度关注的重大刑事案件，在开庭审理前，除了做好一般性的庭审准备工作方案或预案外，承办法官、合议庭乃至审理案件的法院，均应本着充分准备、周密部署的原则，做好相关保障工作方案或额外的预案。根据案件本身的复杂程度、社会影响力、受关注程度等具体情况，充分考虑庭审中可能出现的各种情形，准备好应对措施，以保障庭审的顺利进行。有关庭审的各种保障工作方案主要有：

一、警务保障工作方案

警务保障工作在整个庭审保障工作中具有十分重要的地位和作用，可谓安全问题无小事，处于“关键之关键”的地位。所谓警务保障工作，包括被告人的押解和看管、庭审秩序的维护与保障、法庭外围安全保卫等方面。一般来说，在制定警务保障工作方案时，应当注意把握以下几点：

（一）要注意配备足够的警力

尤其在实践中，有些案件被告人人数多，或社会关注度高，或审理难度大，容易出现突发情况，是否配备足够的警力是成功保障的前提和基础。

（二）要明确责任分工、细化举措

要根据警务保障规则，对警务保障事项进行细分，分别对押解看管、庭审值庭、安全保卫等环节有针对性地进行任务分解、制定应急预案，各环节相互衔接、分工配合。

（三）加强重点防控、狠抓落实

警务保障工作贵在定点定人定岗抓落实，做到保障工作“一分部署，九分落实”。尤其是对法院大门、押解通道、审判法庭出入口等重点部位要设立警卫、强化安检和值庭保障。

警务保障工作方案往往作为内部资料，需要保密，这里也不方便直接拿真实的方案作为举例，但我们可以从一些公开报道的警务保障工作事例中总结部分经验做法。这里不妨以两个基层法院的真实案例为例，供实践借鉴。

【典型案例】

赵某某等 29 名被告人电信诈骗案①

2018 年 11 月 14 日，安庆市望江法院法警大队为落实庭审警务保障工作责任制，以“工作项目化、项目工作具体化、具体工作责任化”为工作机制，严格执法、公正司法，圆满完成对赵某某等 29 名被告人

① 参见周朝阳：《望江法院：多举措强化庭审警务保障工作》，载安庆法院网，http://www.aqzy.gov.cn/content/detail/5bee847a7f8b9a7163b482ce.html，访问时间：2018 年 11 月 16 日。

涉嫌电信诈骗案的庭审警务保障任务。

工作项目化，打有准备之仗。一是制定工作预案，突出警务保障工作“关键之关键”的地位。根据警务保障规则，望江法院对这次警务保障事项进行细分，制定了押解看管、安全保卫应急预案，做到保障工作“一分部署，九分落实”。二是充足配备警力。由于该案为望江法院建院以来审理的被告人人数最多、社会关注度高、审理难度大的刑事案件，为了加强衔接配合，在安庆中院法警支队和望江县公安局的指导和大力支持下，市中院法警支队负责押解在安庆异地羁押的8名女性被告人；从望江公安局借调民辅警20人，县法院抽调法警、司法辅警二十余人，完成对羁押在望江看守所的21名男性被告人押解任务。三是加强重点防控。分别在法院大门、押解通道、审判法庭出入口设立三道警卫。在法庭出入口安排了三名警察（其中2名女性法警）负责安检，在审判庭外围区域安排5名警察机动巡逻，审判庭内安排了5名警察维持庭审秩序，40名警察固定值庭。

项目工作具体化，打有水平之仗。11月13日下午，院分管领导召集刑庭、法警队、办公室、技术室负责人会议，通报案情、预警研判、后勤保障、技术支持，各负责人分别作出表态性发言和意见交流。一是围绕“任务书”“时间表”“作战图”三大关键，“对标、对表、对照”抓落实。精心部署、成立专班，分别就押解、看管、值庭、安检、机动五个组做好警力部署及任务分工，明确各组警力人数，责任及职责任务，确保各项工作有序开展；二是提押时对被告人进行身份确认，编号管理，合理使用警械具；三是将羁押男性被告人与女性被告人分别在不同候审区看管，避免接触、串供或者传递信息；四是警力集中管理、分工负责、统一行动。部署了指挥车1辆，囚车4辆，根据指挥长的指令准时出发。

具体工作责任化，打有把握之仗。一是分管领导牵头抓总，大队长负总责，各组组长、成员各司其职；二是以岗定人、以人定责、以责定效，强化“一个方案、一套班子、一个领导、一抓到底”责任机制，实行谁管理谁负责、谁负责谁解决；三是科学谋划，落实目标责任，加强组织领导，强化发动宣传；四是严格规范执法，确保庭审顺利。庭审前，按照既定押解路线，全面检查妥善安排。押解时密切关注被告人动态，防止被告人脱逃、自伤、自残。庭审期间，严阵以待，配合默契，确保法庭调查、分开询问、举证质证及法庭辩论环节各被告人的到庭、退庭规范有序，做到一环扣一环、环环紧扣，确保庭审活动顺利开展。

在这次庭审过程中，望江法院周密部署，精准发力，规范执法，从严求实，实现了庭审“保障好、秩序好、完成好”，确保了这次庭审保障工作安全、顺利完成。

【典型案例】

刘某豪等34人诈骗案[①]

据报道，2020年1月7日至9日，河南省南阳市宛城区人民法院

① 参见《宛城区法院法警队做好安保措施 保障大案庭审》，载《河南经济报》2020年1月13日。

开庭审理刘某豪等34人诈骗一案，由于该案刑事被告人人数众多，社会影响较大，为保证庭审安全有序进行，宛城区法院法警大队提前与南阳中院法警局和刑庭主审法官沟通，了解案情、预判风险、制定预案并具体到人，安排和部署庭审警务工作方案。

庭审前，宛城区法院法警大队启动大要案庭审保障机制，召开专题会议安排部署，制定《庭审警务保障方案》及应急预案，明确此次庭审安全保障成员及分工，设定审理组、后勤保障组及宣传组负责人。在南阳中院法警局的支持和指导下，抽调全市法院法警68名，并对警力布置、装备调配、干警职责、押解路线等精心组织，合理安排，科学分工。

庭审活动启动当天，共调集法警135人，分成34个押解组、1个备用组、1个证据传递组、1个庭审秩序组和1个安检值庭组，各组分工明确，定岗定位，责任到人，对押解通道、临时羁押场所及审判法庭进行排查，全力消除不安全隐患。

庭审期间，所有干警警容严整，态度严肃，精神抖擞，认真履职，认真落实现场警戒、看管、安检、值庭任务，展示法警良好形象和精神风貌，维护了法庭秩序，保证了庭审工作的顺利进行。

二、后勤和技术保障工作方案

实践中，不少刑事大要案如职务犯罪大要案、“扫黑除恶”斗争中的涉黑恶案件，往往涉案人数众多、涉案罪名较多、案件疑难复杂、庭审持续时间长，庭审能否顺利进行并取得实效，后勤和技术保障工作都十分重要。因此，也需要事先制定严密的保障工作方案。在制定此类方案时，一般须注意以下几点：

（一）强化服务保障意识

后勤和技术保障部门一定要注意摆正位置、强化对审判部门的服务保障意识，服从服务于庭审工作的实际需要，并紧密结合审判、执行工作的实际情况，切实做好司法后勤服务保障工作，以热情、主动、耐心的态度服务于整个庭审工作，不断提高服务质量和水平，保障庭审工作安全有序、高效运转。

（二）明确后勤保障分工和任务

通过制定预案、方案，细化工作程序和要求，明确责任分工和服务内容，为庭审工作的顺利开展提供有力保障。

（三）强化信息技术保障

技术人员要认真履行职责，事先对内、外网电子设备、监控设备的安全状况以及数字法庭的设备进行检查、维护，确保庭审过程中网络运行畅通、数字化设备运转正常。

（四）守住安全底线

在庭审保障过程中要严格落实安全保卫工作、车辆使用管理、财务管理、卫生安全等规章制度。特别是要注意提供给被告人的饭菜质量，确保卫生安全，吃得放心。针对一些存在严重高血压、心脏病等疾病的被告人，根据法庭审理的要求，必要时还得为特定被告人配备值班医生，确保押解、庭审过程的安全顺利进行。

三、新闻宣传工作方案

庭审是法治宣传、警示教育的主要场所，也是一堂堂生动的法制公开课。对庭审活动进行宣传也是庭审公开的题中应有之义。实践中，有的案件重大、复杂、疑难或敏感，无论是组织群众、人大代表、媒体记者旁听还是庭审直播，或事后发新闻通稿，都需要事先拟订工作方案，认真组织、周密实施，防止忙中出错。针对一些舆情，也注意防范、化解或正面引导。这也需要审判业务部门和法宣部门密切合作，强化沟通，形成工作合力。从实践情况来看，在制定庭审宣传工作方案时，须注意把握以下几点：

（一）有充分的预判，事先做足功课

近年来，庭审活动越来越多地受到社会舆论的监督。实践中，有关案件的承办人或审理法院在面对媒体舆情方面还是存在不知如何应对、不愿应对、不敢应对等经验不足的问题。究其原因，既有舆情应对能力水平不足的原因，也有工作责任心不够、事先研判不够的问题。要做好庭审宣传和舆情应对工作，承办部门或审理法院事先要及时关注收集舆情信息，对案件可能引发的舆情要有充分的预判，做到知己知彼。

（二）强化庭审公开，事中主动接受监督

对于社会关注度高、社会影响大、法制宣传意义较强的案件主动进行庭审直播，或邀请人大代表、新闻媒体旁听庭审，不仅有利于保障当事人的诉权，也有利于有效保障人民群众的知情权，对于树立司法的权威、增强司法公信力具有重大意义。

（三）强化舆情引导，及时澄清误区、消除盲点

人民网舆情监测室提出了突发事件处置的“黄金四小时”原则，指的是政府部门要第一时间发声，第一时间处理问题，做事件的“第一定义者”。如果办案机关不能及时公布真相，让谣言滋生、蔓延，那么在数小时内，事件就很有可能发酵成具有重大舆论影响的舆情危机。正是由于现代舆情的这种突出特征，办案人员要在办理案件过程中密切关注案件舆情动态，对舆情不逃避、不恐惧，并且清醒地认识到舆情可能成为庭审争议焦点，必须做好应对准备和事后释法说理工作。

专题五　开好预备庭和庭前会议

一、开好预备庭

合议庭在案件受理后，应当召开预备庭，在庭前对案件如何审理和分工等问题进行合议，共同讨论确定庭审提纲和要点，共同研究庭前需要组织双方交换的证据，坐到一起熟悉案情。在预备庭评议过程中，对疑难案件，承办人应当主动提请合议庭其他成员共同阅卷，审判长发现案件有亲自阅卷或指定合议庭其他成员阅卷必要的，有权作出决定，合议庭成员应当执行。当然，随着信息技术的发展和无纸化办案的推行，在线庭审、在线合议都将不断出现，因此，预备庭也可以在线上进行。无论线上线下，其功能作用和性质都是一样的。在预备庭的基础上，合议庭还可视案情组织控辩双方召开庭前会议，进行庭前证据交换，或组织庭前听证。

二、召开庭前会议

庭前会议是指在开庭前，审判人员可以召集公诉人、当事人和辩护人、诉讼代理人，对回避、出庭证人名单、非法证据排除等与审判相关的问题，了解情况，听取意见的一种会议。根据最高人民法院下发的《人民法院办理刑事案件庭前会议规程（试行）》，在组织召开庭前会议时，应当注意把握以下几点：

（一）把握庭前会议的功能定位

根据《人民法院办理刑事案件庭前会议规程（试行）》，庭前会议的主要功能定位为：

1. 解决可能导致庭审中断的程序性申请和异议，确保庭审集中审理、持续审理。

2. 组织证据展示，明确事实、证据争点，确保庭审充分审理、高效审理。

3. 庭前会议不能弱化庭审，更不能取代庭审。庭前会议召开目的是开展必要的庭审准备工作，因此庭前会议可以进行证据展示，但不能以证据展示取代庭审举证和质证；可以整理事实和证据争点，目的是突出庭审重点，确保庭审质效，不能弱化和取代庭审调查、辩论等。

（二）把握庭前会议的适用范围

根据《人民法院办理刑事案件庭前会议规程（试行）》，庭前会议的主要适用情形为：

1. 证据材料较多，案情疑难复杂的案件。如涉及多个罪名、多起事实或者多名被告人的黑社会性质组织犯罪案件、经济犯罪案件。

2. 社会影响重大，舆论广泛关注的案件。一些案件事实并不复杂，当事人争议也不大，但案件本身由于当事人身份、案件后果等因素可能引起社会普遍关注。此类案件通常需要制定周密的庭审预案，因此有必要召开庭前会议就相关问题听取相关当事人等的意见，确保庭审顺利进行，在确保程序公正的同时充分发挥庭审的法制宣传教育功能。

3. 控辩双方对事实证据存在较大争议的案件。此类案件召开庭前会议，一方面可以听取控辩双方对事实证据的意见，整理案件争议焦点，另一方面控辩双方经过庭前会议初次交锋，互相明了对方观点，也能在庭前会议后为庭审辩论做好充分准备，实现控辩双方平等、有效对抗，有利于提高庭审质量。

4. 当事人提出的申请或者异议可能导致庭审中断的案件。

（三）把握庭前会议的基本规程

根据《人民法院办理刑事案件庭前会议规程（试行）》，庭前会议的基本规程包括：

1. 庭前会议的启动；
2. 庭前会议的召开方式；
3. 庭前会议的主持人员；
4. 庭前会议的参与人员；
5. 庭前会议召开的时间、地点等。

（四）把握庭前会议的主要内容

根据《人民法院办理刑事案件庭前会议规程（试行）》，庭前会议的主要内容为：

1. 处理程序性事项；
2. 组织展示证据；
3. 整理事实和证据争点；
4. 开展附带民事调解；
5. 选择审理程序；
6. 建议撤回起诉。

（五）把握庭前会议的效力以及与庭审的衔接方式

根据《人民法院办理刑事案件庭前会议规程（试行）》，庭前会议的效力以及与庭审的衔接方式为：

1. 人民法院在庭前会议中可以决定的事项。对可能导致庭审中断的程序性事项，如申请回避、提出管辖权异议、对出庭证人名单提出异议等，人民法院可以在庭前会议中作出处理决定，在开庭审理前告知处理决定，并说明理由。控辩双方没有新的理由，在庭审中再次提出有关申请或者异议的，法庭应当依法予以驳回。

2. 控辩双方可以在庭前会议中对相关问题进行协商并作出合意决定。

3. 庭前会议处理结果具有拘束力。根据《人民法院办理刑事案件庭前会议规程（试行）》规定，要通过在庭审中宣读庭前会议报告，确定庭前会议处理事项的拘束力。[①]

---

① 参见戴长林、鹿素勋：《〈人民法院办理刑事案件庭前会议规程（试行）〉理解与适用》，载《人民法院报》2018年1月31日。

专题六　指导书记员做好庭前准备工作

承办法官应当指导书记员做好庭前准备工作。实践中，需要指导的主要工作包括：

一、确定合议庭组成人员和开庭时间

根据《刑事诉讼法》的规定，人民法院决定开庭审判后，应当确定合议庭的组成人员，将人民检察院的起诉书副本至迟在开庭十日以前送达被告人及其辩护人。法官应当按照方便当事人诉讼的原则确定开庭时间。开庭时间确定后，不得随意更改，确因特殊事由需要推迟开庭的，应当至少提前48小时通知当事人及其他诉讼参与人。

二、通知各方

一旦开庭时间确定，应当在法定期限内通知诉讼各方开庭时间和地点。根据《刑事诉讼法》规定，人民法院确定开庭日期后，应当将开庭的时间、地点通知人民检察院，传唤当事人，通知辩护人、诉讼代理人、证人、鉴定人和翻译人员，传票和通知书至迟在开庭三日以前送达。在开庭以前，审判人员可以召集公诉人、当事人和辩护人、诉讼代理人，对回避、出庭证人名单、非法证据排除等与审判相关的问题，了解情况，听取意见。

三、依法公告

公开审理的，应当及时公告；当事人申请不公开审理的，应当及时审查，不符合法定条件的，应当公开审理并解释理由。根据刑事诉讼法规定，公开审判的案件，应当在开庭三日以前先期公布案由、被告人姓名、开庭时间和地点。如果案件属于公开审理的案件，除了家属可以旁听，一般公民也可以旁听。旁听席位不能满足需要时，人民法院可以根据申请情况发放旁听证。

四、按时到庭，准时开庭，不迟到、缺席

不应无故更改开庭时间；因当事人、证人原因等特殊情况确需延期的，应当立即通知当事人及其他诉讼参加人；无法通知的，应当安排人员在原定庭审时间和地点向当事人及其他诉讼参加人解释。因特殊情况迟到的，应当向当事人、其他诉讼参与人及旁听人员说明原因，并表示歉意。

【延伸阅读】

引渡案件的司法审查[①]

——浙江首例引渡审查案的成功经验与审查技巧

一、精选法官组成合议庭，为成功审查提供强有力的组织保障

实践中，引渡案件往往涉及比较重大或复杂的法律问题，对这些案件的裁决不仅要求较高的专业知识和良好的业务素质，而且需要各司法机关或行政机关之间的协调和磋商。因此，对合议庭法官的专业知识和涉外刑事审判经验要求较高。本案不仅是浙江首例，又是一起重大涉外刑事案件。在收到最高人民法院《指定审查决定书》后，浙江高院非常重视，经研究决定，由院长亲自担任审判长，由刑二庭庭长、副庭长组成合议庭。其中，审判长在上海高院任职期间曾主审俄罗斯联邦请求引渡案，从中积累了成功审查经验。强大的合议庭阵容，为确保在现有法律框架内完成审查任务、充分保障被请求引渡人的合法权益提供了有力的审判组织保障。

二、认真学习研究，为成功审查提供坚实的法律基础和充分的工作准备

我们高度重视涉外案件的特殊性，牢固树立"外事无小事"的观

① 整理自齐奇、孙公幸、陈增宝：《引渡案件的司法审查——浙江高院首例引渡案件审查回顾与思考》，载《人民司法》2010年第18期。在前述一般阐述基础上，本案进一步剖析了各类案件的庭审要领，尤其是涉外刑事案件审理的要素和方法。

念，本着“有备无患”原则，力求在庭前做足功课：

1. 认真学习并专题研究引渡法律。

2. 积极查找有关资料和文献。

3. 制订周密的工作方案。

三、确保程序公正与司法效率，为被请求引渡人提供充分的权利保障

1. 依法、及时送达引渡请求书副本。

2. 全面告知诉讼权利，并释明法理引导其依法参与审查程序。

3. 依法保障其律师会见权，并在庭前安排家属探视。

4. 充分保障羁押期间的通信联系权，依法维护其在华投资企业的正常运转。

5. 及时走访公安机关，做好沟通、衔接工作。

6. 全程为被请求引渡人聘请翻译，提供语言帮助。

四、完整、规范的庭审活动，促成了良好的审查效果

整个庭审活动进行了两个多小时，体现了内容完整、操作规范、程序公开、过程流畅、布局创新的特点。合议庭在审查、评议后当庭作出本案符合准予引渡条件的裁定，社会反响良好。本次庭审活动之所以取得良好效果，与以下几项工作有密切关系：

1. 庭前精心拟定庭审提纲。依法设置庭审程序和内容，是做好引渡案件审查工作的关键。为此，合议庭将庭审提纲的拟定作为审查工作的重中之重来抓，在借鉴兄弟高院特别是上海高院做法的基础上，决定以普通刑事案件的庭审程序和内容为基础框架，根据引渡审查工作的特点，结合本案的实际情况，对庭审提纲进行精心布局、逐项设

计、反复评估、逐字斟酌、逐句推敲、数易其稿，最终形成由法庭纪律宣告、法官入庭、审判长宣布开庭、被请求引渡人基本情况审查、引渡案件由来和审查法律依据宣告、被请求引渡人诉讼权利宣告、引渡请求书指称被请求引渡人涉嫌犯罪行为及罪名情况审查（含法庭讯问、律师发问）、律师发表意见、被请求引渡人最后陈述意见等主要程序和内容组成的公开审查庭审提纲。

2. 当庭有效应对庭审中出现的新情况新问题。如在审查被请求引渡人的基本情况时，被请求引渡人不能当庭回答自己的护照号码等内容，审判长当庭采取出示护照交法警由被请求引渡人辨认的方法，对其身份情况进行有效确认。为了进一步固定被请求引渡人的答辩意见，合议庭视情增加了法庭提问，对被请求引渡人在被采取引渡强制措施时向公安机关所作的陈述、在本院送达引渡请求书副本时所作陈述的真实性，向本院提交的两份书面答辩书内容的真实性，是否承认自己在韩国的行为已构成犯罪，是否愿意接受引渡等问题逐一进行明确。朴柱铎明确表示以前所作的陈述内容属实、承认构成犯罪、愿意接受引渡回韩国接受法律制裁。一问一答，效果很好。

3. 独特的法庭布局，进一步提升了审查效果。按照引渡法的规定，对引渡案件的公开开庭审查，是人民法院就请求国的引渡请求是否符合法定条件进行法律审查，因而实质上是一种听取被请求引渡人陈述及其委托律师意见的刑事听证程序。而现行刑事法庭的布局，都是根据刑事审判程序的要求设置的，体现控辩双方对立的特点，并不适合作为刑事听证程序的引渡司法审查需要，也难以显示人民法院公正审查、文明司法的良好形象。从审查引渡案件的实际情况出发，我们研究决定以现有的审判法庭为基础，在不改变合议庭法官和书记员座位的前提下，探索性地设置了被请求引渡人与律师同排直面正对法官就座的新的法庭布局，有效地解决了现行法庭布局不适应听证程序的问题，较好地体现了引渡案件审查程序的特点。独特的法庭布局引发了媒体的广泛关注，并赢得一致好评。

第五讲

庭审的技巧与方法

——有效驾驭庭审是庭审成功的关键

审判实践中，能否有效驾驭庭审是庭审成功的关键，也是法官司法能力和水平的集中表现。本讲主要对庭审驾驭的基本内容、具体方式、实践中的技巧与方法以及心理学策略等方面作一些理论探讨和总结提炼，供实践参考。

法官对被告人最后陈述的驾驭能力是整个庭审驾驭能力的重要组成部分。

在有限的庭审时间里，如何合理地分配控辩双方的发言、质辩时间，这是检验审判长是否具有良好的庭审驾驭能力、是否善于控制庭审节奏的一条重要标准。

•专题一　庭审驾驭的基本内容

一个完整的庭审过程包括法庭调查、法庭辩论以及被告人最后陈述等阶段。而庭审驾驭的基本内容也就自然包含着对法庭调查的驾驭、对法庭辩论的驾驭、对被告人最后陈述阶段的驾驭等方面。具体来说，庭审驾驭主要涉及以下三方面的内容。

一、对法庭调查的驾驭

法庭调查是整个庭审的中心环节，是指在法庭上对案件事实和证据进行审查的活动。在刑事案件中，法庭调查的目的在于通过讯问被告人和审查、核实证据材料，查明案件的真相，为判决提供事实根据，以便正确合法处理案件。在这一阶段，法官的庭审驾驭能力集中体现在能否合理控制节奏、有效指挥庭审的进程，并及时准确地归纳诉辩主张和争议焦点，引导当事人围绕重点进行陈述、举证和质证。从实践情况来看，法庭举证、质证和认证是法庭调查的核心内容。因此，法官对法庭调查的驾驭也就意味着对法庭举证、质证和认证等各个环节的全方位驾驭。

（一）对法庭举证的驾驭

举证是诉讼过程中法庭调查阶段的重要环节。举证作为汉语词汇，其大致的意思是拿出、出示证据，或者说拿出证据来证明某种事情、情况。虽然举证主要体现为控辩双方的行为，一般由控辩双方自定，但法官作为庭审活动的主持人，起组织、指挥作用，要善于正确引导、掌控，并以查清案件事实为目标原则。在举证环节，法官对庭审的驾驭能力，则主要体现为怎样组织控辩双方拿出、出示证据，以及什么时机按什么顺序和节奏出示有关证据。具体来说，法官对法庭举证环节的驾驭能力主要表现在以下几个方面：

1. 能否善于把握举证的方式方法。实践中，采取何种举证方式要视案情不同而决定，且往往控辩双方也会因自身偏好、不同的办案习惯而呈现不同的方式。法官作为庭审活动的主持人，显然要善于组织、引导、指挥控辩双方根据不同的案情，从是否有利于提高庭审效率、查清案件事实、提升庭审效果等角度加以考量，从而选择恰当的举证方式。

2. 能否善于把握举证的合理顺序。如果一个案件的证据有100份，那如何安排举证的顺序呢？实践中，法庭上按什么顺序去组织举证并无定规，但这并不意味着法庭举证顺序没有好坏之分。在一次成功的庭审中，科学合理的举证顺序不仅能调动诉讼参与人以及旁听人员的兴趣，让人不觉得乏味，而且在把事情说清楚的情况下，能够尽量让人对证据印象深刻。当法官在组织编排一个案件的举证顺序时，事实上相当于导演。针对上述100份证据的案件，最好的做法一定不是直接对这100份证据从1到100进行排列，当然，也不是一律按照物证、书证、证人证言这种证据种类简单去分类，而是要把它们按照一定的逻辑顺序或主题进行排序。总体而言，举证顺序的安排应当符合参与主体的一般认知规律。具体来说，根据实务人员相关实践经验总结，刑事案件中的常见举证顺序大致有以下几种方式：

（1）按犯罪行为发生的时间排序。案件是发生在过去的一个故事，这些故事往往由一系列相对独立且时间顺序清楚的具体行为活动构成，如抢劫犯罪的预谋、实施、逃跑、销赃等一系列行为，按照犯罪行为的时间顺序来组织举证，有利于清晰地向法庭展示犯罪过程的发展脉络，也符合人的一般认知规律。

（2）按犯罪事实要素在案件中的重要程度排序。任何一个案情故事都是由若干事实要素构成，各个事实要素在案件中的重要程度不同，有的属于构成要件事实，有的属于案件相关事实；有的表明犯罪人是谁，有的表明其实施了什么犯罪，还有的表明犯罪后的态度。实践中，法官在驾驭庭审过程中应当善于引导控辩双方根据各事实要素在案件中的重要程度安排举证顺序，注意突出重点，突出核心事实要素的举证。

（3）按案件事实之间的因果关系排序。实践中，既可以按照先因后果的原则，先就案件的原因举证，再就犯罪结果举证，也可以按照先果后因的原则，先就案件的犯罪结果举证，再就案件原因进行举证。

（4）按被告人在共同犯罪中的地位、作用排序。在多被告人的共同犯罪案件中，一般可按照被告人在共同犯罪中的地位、作用，按主次顺序进行排序，先围绕主犯的犯罪事实举证，再围绕从犯的犯罪事实举证，在主犯的犯罪事实中已经举证的，在从犯的相关事实举证中可不再重复或作简单举证，对涉及从犯本身的相关事实作重点举证，提高举证的针对性和有效性。

（5）按证明主题排序。上述分组举证法，其实质上类似于按证明主题进行分组分类，而证据组与证据组之间究竟按什么顺序展开举证，则又涉及主题之间的排列。比如，任何刑事案件都可以分为“证明案件基本事实的证据”“证明案件的侦破经过、抓获犯罪嫌疑人及对其采取强制措施情况的证据”，以及“证明犯罪嫌疑人身份及前科劣迹等量刑情节的证据”。一般情况下，对该三个主题就按照现在的顺序排列即可。但实践中，有时需要对“证明案件基本事实的证据”再按证明主题作进一步划分，并进一步按具体主题排列。以故意杀人案件为例，这一大主题还可以再细分为如下主题：第一组往往为证明案发经过的证据，包括活着被害人的陈述、目击证人证言或第一个发现尸体并报警的当地村民等群众证言等；第二组证据往往为公安机关现场勘查记录、现场提取的指纹、血迹、沾有血迹的作案凶器以及有关指纹、血迹DNA鉴定意见等；第三组证据为法医学尸体检验鉴定意见；第四组证据为证明被告人案发前后活动的证人证言等相关证据；第五组证据为被告人的供述及其对作案现场的辨认等。这样的排列顺序比较符合人的认知规律，也是较为常见的排列方法。

3. 能否善于把握举证的原则性与灵活性。庭审是一个动态的过程，举证的顺序和方法亦无定规可循。随着程序的展开，在大顺序、基本方法稳定的基础上，一定要视案情处置的需要而灵活调整，体现原则性与灵活性相结合。比如，庭审中，被告人临时推翻原先供述或提出了一些新的辩解，被告人翻供理由或新的辩解恰恰可以被某份证据有力反驳，并且立即反驳将会使庭审效果更好，此时就可以允许或主动引导公诉人打破原先的举证顺序，临时将有关证据调整过来向法庭举证。

二、对法庭质证的驾驭

质证也是诉讼过程中法庭调查阶段的重要环节之一。质证是指在诉讼中，一方当事人就对方当事人提交的证据，在真实性、合法性、关联性和证据证明力、证明对象等方面提出质疑、说明及辩论，最终使法庭作出对己方有利的证据采信以及事实认定。从质证的概念来看，质证的内容和对象主要指向证据的三性，被称为“三性质证”模式。实践中为人耳熟能详的法庭用语之一就是“下面请辩护人（公诉人）对证据的三性发表意见”。从参与主体来说，虽然对证据三性的质辩活动，主要系控辩双方所为，但是质证活动却离不开法庭或法官的组织，质证实质上完整表现为法庭组织控辩双方对证据的三性展开质辩的过程。从法官的角度来说，组织控辩双方进行质证，则是一种证据调查活动，因此，“三性质证”模式也是刑事庭审中最为基本的证据调查模式。实践中，较多质证或流于形式，一些质证意见，完全是为否认而否认，或质证理由过于牵强，说服力不强，非但起不到削弱对方证据证明力的目的，反而影响了己方在法庭上的诚信度，最终影响了庭审的效果以及案件事实的准确认定。从某种意义上，庭审没有达到查清事实的应有效果，这与法官对庭审举证、质证活动的组织、驾驭有密切关系。跟举证活动类似，在质证环节，法官对庭审的驾驭能力，则主要体现为怎样组织控辩双方进行证据质证，以及什么时机按什么顺序或方式质证。具体来说，法官对法庭质证环节的驾驭能力主要表现在以下几个方面：

（一）能否善于把握质证的方式方法

质证是庭审中的一项基础性工作，也是一门技术活。实践中，采取何种质证方式一般要与举证方式的选择相匹配，既要视案情不同而决定，又往往因控辩双方自身偏好、不同的办案习惯而呈现不同的方式。法官作为庭审活动的主持人，显然要善于组织、引导、指挥控辩双方根据不同的案情，从是否有利于提高庭审效率、查清案件事实、提升庭审效果等角度加以考量，从而选择恰当的质证方式。

（二）能否善于把握质证的合理顺序

与上述举证顺序的原理相同，实践中，法庭上按什么顺序去组织质证亦无定规，但这并不意味着法庭质证顺序没有好坏之分。总体而言，质证顺序的安排一般伴随着举证的行为而进行，自然也应当符合参与主体的一般认知规律。具体来说，根据实务人员相关实践经验总结，刑事案件中的常见质证顺序大致包括上述按犯罪行为发生的时间排序、按犯罪事实要素在案件中的重要程度排序、按案件事实之间的因果关系排序、按被告人在共同犯罪中的地位作用排序、按证明主题排序等排列方式。在具体的单份证据举证、质证操作中，一般首先由举证方出示证据，同时对证据的形式、内容、来源及欲证明的事实等内容进行陈述；然后由对方对举证方提出的证据能力及证明力的有无、大小进行质询，同时由自己出示证据，并对证据作出说明，由对方对己方提出的证据进行质疑和辩驳；接着各方当事人可就各自的证据相互间进行辩论。如此质证的顺序，有利于提高诉讼效率，也体现了控辩双方诉讼权利的平等性。

（三）能否善于把握质证的原则性与灵活性

庭审是一个动态的过程，无论是举证还是质证，其顺序和方法均无定规可循，一定要视案情处置的需要而灵活调整，体现原则性与灵活性相结合。

三、对法庭辩论的驾驭

法庭辩论，是法庭审理的重要阶段，指在诉讼活动中，在审判长主持下，控辩双方就起诉书中指控的相关案件事实、定罪量刑以及法律适用等问题进行辩论的活动，是在法庭调查和各方充分发表自己对整个犯罪事实、情节、每个证据的证明力等的意见的基础上，对双方争论的焦点问题，作进一步辩论。在法庭辩论过程中，公诉人、被害人或其诉讼代理人、被告人、辩护人围绕犯罪事实能否认定、被告人是否实施了犯罪行为、是否应负刑事责任、应负什么样的刑事责任等问题，对证据和案件情况发表各自的意见，相互进行辩论。法官对法庭辩论的驾驭能力主要体现在以下几个方面：

（一）善于把握法庭辩论的顺序

实践中，法庭辩论并非无序进行，一般按以下顺序进行：（1）公诉人发表公诉词；（2）被害人或其诉讼代理人发言；（3）被告人自行辩护；（4）辩护人辩护；（5）控辩双方对争论焦点进行辩论。法官对法庭辩论的驾驭能力首先体现在能否有效驾驭法庭辩论的顺序，掌控庭审的局面。

（二）善于把握法庭辩论的节奏

法庭辩论时，在有多名被告人并有辩护人参加诉讼的情况下，应当在被告人自行辩护后，紧接着由该名被告人的辩护人发表辩护意见，尽量使被告人、辩护人的辩解、辩护意见紧凑、连贯，并善于合理分配和把握各方陈述、辩论时间，有效控制庭审节奏。在法庭辩论结束之前，审判长可根据辩论情况征询各方当事人，如无补充意见，才宣布辩论结束，整个过程体现法庭的严肃性和权威性。

（三）善于视情决断是否恢复法庭调查

随着法庭辩论的展开，当事人可能会提出新的事实和证据。当被告人等一方当事人提出新的事实和证据时，审判长可视情况宣布中止辩论，恢复法庭调查。

（四）善于保持克制

在法庭辩论阶段，法官以倾听为主，适当控制和引导。尤其法庭辩论时，合议庭成员不得对案件性质、是非责任发表意见，不得与任何一方当事人进行辩论。

四、对被告人陈述的驾驭

被告人作最后陈述，是刑事诉讼法赋予被告人的一项重要诉讼权利，也是法庭审判的必经阶段。长期以来，法学理论对被告人最后陈述权的理论基础、特点和内容尚缺乏深入研究、没有形成较为清晰的认识，导致该程序设置在实践中容易被忽略或异化。有些法官不重视被告人的最后陈述，不善于充分发挥“最后陈述”的功能和意义，在此阶段往往就开始收拾案卷材料，不太注意倾听，或轻易打断被告人的最后陈述，均会影响整个案件的庭审效果。因此，法官对被告人最后陈述的驾驭能力是整个庭审驾驭能力的重要组成部分。

专题二 庭审驾驭的具体方式

驾驭庭审的具体方式，是指在开庭审判活动中，法官根据当事人陈述，控辩双方讯问、发问及举证、质证、辩论等情况，控制庭审节奏和走向的方式，是庭审驾驭策略和方法的具体化。因此，对庭审驾驭的具体方式展开探究，对于庭审驾驭能力的提升具有重大意义。那庭审驾驭的具体方式究竟包含哪些行为方式呢？从汉语词典给出的含义来看，具体动词“驾”的本义是指将鞍辔、轭等装具加到骡马身上，使之便于骑乘或役用，而“驭”指掌握马缰。“驾”和“驭”联合起来表示：先把马水勒、鞍、轭等装好，然后骑上去，手握缰绳，驱马前进。比喻掌握、控制、支配或充分地应用和利用等意思，比如驾驭局势、驾驭群体智慧等。结合审判实践，庭审驾驭的具体方式至少包含指挥、引导、干预等几方面。

一、指挥

从词义来看，所谓指挥，是指发令调度、指导乐曲或乐队的演奏，以及发令调度的人和指导演奏的人。庭审驾驭方式中的指挥，是指法官对庭审活动发令调度，起组织、指挥作用。法官的庭审指挥权，是法律赋予法官指挥、控制庭审、指导当事人进行诉讼活动，以维护庭审活动有序、公正和有效率进行的诉讼权力，是审理权的重要组成部分。具体可从推动庭审、调度人员、控制节奏、创设条件、保障庭审等方面加以阐述。

（一）推动庭审

法官对庭审的驾驭指挥方式首先表现为对庭审活动的组织、指挥，推动庭审有序展开。具体包括推动法庭调查、法庭辩论、被告人最后陈述等庭审活动展开。在法庭调查过程中，则包括对控辩双方举证、质证以及认证活动的推进。作为这场公平竞赛的“裁判”，法官在庭审过程中必须体现司法的中立和独立性，但作为中立的程序“指挥官”，拥有主持庭审、维护庭审秩序的庭审指挥权，甚至在庭审调查和心证形成过程中，还拥有组织法庭讯问等补充调查权。具体来说，法官对庭审的推动作用，具体表现在以下几个方面：

1. 核实被告人的身份情况、宣布名单、告知权利等。在庭审开始阶段，法官需要对被告人的身份情况、是否收到起诉书或一审判决书等基本情况进行核实，宣布合议庭成员或出席法庭的公诉人、辩护人名单，告知庭审中的诉讼权利，为庭审活动的实质性启动做好准备，在庭前准备阶段，审判长对庭审的主持体现了指挥的内容。

2. 主持并掌控法庭调查阶段的举证、质证、认证活动。根据刑事诉讼法规定，庭审中控辩双方的举证、质证应当由审判长主持，公诉人何时宣读起诉书，被害人、附带民事诉讼原告人和辩护人、诉讼代理人何时向被告人发问，公诉人、辩护人何时向法庭出示证据、依何种顺序等，均需在审判长主持指挥下进行。公诉人虽然作为控方同时也代表国家行使监督权，但在庭审中实际上相当于“一方当事人”，必须服从法庭的指挥，对法庭违规违法情况可以在庭后以检察机关名义并以书面形式向人民法院提出。

3. 主持并掌控法庭辩论活动。法庭辩论是法官通过控辩双方的论证与说理查明案情的关键环节，同时也是控辩双方说服法官接受己方论点，并支持诉讼请求的最佳时机。因此，法庭辩论对控辩审任何一方都非常重要，历来是刑事诉讼第一审程序的重要内容。根据刑事诉讼法规定，庭审中法庭辩论活动应当由审判长主持。

4. 主持被告人最后陈述并进行庭审小结。在庭审结束之前，被告人有最后陈述的权利，但被告人陈述显然应当在审判长的主持下进行。实践中，有的被告人事先准备了“长篇大论”，轮到他作最后陈述时，往往照稿宣读，读起来可能要花很长时间，遇到此种情形时，审判长可以视情“制止”或提醒其简要陈述，稿子内容可以书面形式提交法庭，发挥主导作用。此外，在庭审活动结束之前，审判长有必要对当天法庭调查、法庭辩论的情况作一小结，特别是要对控辩双方的主要观点和意见作一简要归纳，有利于提升整个案件的庭审效果，也方便旁听人员进一步了解案情，增强司法的透明度。

（二）调度人员

所谓调度，是指调动、安排。在庭审活动中，法官对庭审的驾驭方式之一就是对参与诉讼人员的调动、安排，以及庭审保障人员的调动、安排，目的在于更好地组织、保障庭审的高效、有效进行。法官对人员的调度，主要体现在以下几方面：

1. 对审判人员的调度。合议庭成员、法官助理、书记员在庭审活动中必须服从审判长的指挥与调度。书记员在庭前准备就绪之后，必须向审判长报告庭前准备已就绪，可以开庭。在庭审过程中，合议庭成员审理中如何分工、配合，也必须服从审判长的调度。比如，合议庭成员经审判长安排，可以在法庭调查过程中对被告人进行法庭讯问，在检辩双方充分发问、询问的基础上，对犯罪事实作进一步调查、核实。

2. 对被告人的调度。特别是审理多被告人案件过程中，先审哪个被告人，后审哪个被告人，以及什么时候传被告人到庭，什么时候让多名被告人同时到庭对质，则由审判长根据案情审理需要而定。

3. 对控方或检方的调度。在法庭调查、法庭辩论过程中，一般情况下检辩双方在审判长的主持下依次有序进行。但是，在某些情况下，如被告人在庭审中对自己在公安侦查阶段的供述进行推翻或者作出新的辩解，而检方对相关内容缺乏回应时，审判长可以就某一特定问题调度、提示检方进行答辩。

4. 对证人、鉴定人的调度。刑事诉讼法明确规定，证人、鉴定人出庭作证，由人民法院负责通知。证人、鉴定人是否出庭作证以及何时传到庭上，一般由控辩双方申请提出，但由审判长依法作出决定。

5. 对值庭法警的调度。在开庭活动中，法警的主要职责是警卫法庭，维持法庭秩序，押解被告人出庭受审等。庭审过程中，所有法警被分成两组，看守的一组需要正襟危坐在被告人身后，时刻观察被告人的一举一动；轮班的一组虽说可以稍事休息，但也只是分站在法庭外的走廊上，不断巡视法庭周围的情况。一旦遇到身患高血压、情绪不稳定的被告人，押解人员在做好心理疏导的基础上还要对其采取有效的防护措施。法警有他自身的职责和工作规律，一般由法警部门负责人统一指挥、调度，但在实际的庭审活动中，法警属于庭审保障工作者，自然应当服从庭审的需要，服从审判长的统一指挥和调度，在庭审期间，是否要将违反法庭秩序的人员强制带离、在庭审中是否需要由法警协助递交证据交由对方阅看等均由审判长视案情决定。

（三）控制节奏

控制节奏，也就是控制庭审节奏。所谓庭审节奏，是指庭审参与主体语速的快慢和发言时间的长短。一次成功的庭审离不开审判长对庭审节奏的调控。那么，审判长应该怎样调控庭审的节奏呢？在此谈三点体会：

1. 审判长自身语速适中。由于性格、年龄、性别的差异，不同的审判长在主持庭审时的庭审节奏也有所不同。一些年轻且性格外向的法官，平时主持庭审时往往语速较快，声音也洪亮。而一些性格内向、年龄偏大的法官则喜欢慢节奏主持庭审活动。实践表明，以过慢或过快节奏推进庭审，效果都不会太好。审判长主持庭审时首先自身的语速一定要适中，节奏感要强，只有语速适中，各方的思维才能与审判长合拍，并保持参与的热情，有利于提升庭审效果。

2. 庭审的时间不宜过长。庭审时间的长短首先取决于案情、以必要为原则，总体上取决于审理工作的需要。但是，实践中，审判长能否善于控制庭审的时间，尤其是审理重大疑难复杂刑事案件时，本身就需要较长时间才能审理好案件的情况下，就显得非常重要。这对于提升工作效率、圆满完成审理工作任务，意义重大。庭审时间过长，会带来一系列的问题，一方面耗费控辩审三方的精力，另一方面让被告人长时间接受审问，也容易衍生出身体健康、安全保卫等问题。

3. 能够合理分配控辩双方的发言时间。司法资源总是有限的，这也就决定着庭审时间的有限性和效率的重要性。在有限的庭审时间里，如何合理地分配控辩双方的发言、质辩时间，这是检验审判长是否具有良好的庭审驾驭能力、是否善于控制庭审节奏的一条重要标准。实践中，如果参加庭审的有10名被告人和10名律师，每个人发言10分钟就是100分钟，而总是有些人在发言时滔滔不绝，结果使庭审时间不断加长。要解决这一问题，审判长需要控制好每个人发言的时间长度，特别是要在控辩双方之间体现“平等性”。

（四）创设条件

创设，指开始建立；创造条件，使原来不具备条件的也能实现。在庭审过程中，审判长对庭审的驾驭能力包含着创设条件，推进庭审的进行。那么究竟如何理解“创设条件”的含义呢？大致来说，审判长在驾驭庭审过程中对庭审条件的创设主要体现在以下几方面：

1. 营造充满仪式感的庭审氛围。在现实生活中，仪式感是人们表达内心情感最直接的方式，仪式感无处不在。法国童话《小王子》里说，仪式感就是使某一天与其他日子不同，使某一时刻与其他时刻不同。中国人向来是注重“仪式感”的。常见的具有仪式感的实践有婚礼、节庆等。仪式感是庭审活动获得人们重视、增强法律的庄严肃穆之美、激发人们对法律的信仰和尊敬的重要保障。审判长驾驭庭审的过程很重要的一条，就是要通过创设各种条件，以特定语气语调，掌握一定的语速节奏，营造充满仪式感、庄重而严肃的庭审氛围。

2. 创造充分有效的庭审对抗条件。对抗制刑事庭审模式的基本原理是庭审过程中分别由控、辩、审三方承担控诉、辩护、审判三种不同的诉讼职能，并要求控诉职能与辩护职能在“平等武装”所形成的控辩平衡基础上展开对抗，体现控审分离、控辩平衡、审判中立。作为承担审判职能的法官来说，在庭审过程中有责任和义务创设各种条件使控辩双方有机会对抗并有能力对抗，事实上能够形成对抗的状态，通过保持控辩平等、有效的对抗条件，实现查明案件真相的裁判功能。如果处于对抗状态的双方可以对抗且应当对抗，但实际上没有对抗起来，那么，这种对抗也就只是形式上的而非实质上的。从司法运作的实践情况来看，需要克服的情况主要表现在法官对控方举证的容忍和纵容，以及对辩方举证的严格要求，从而使强势一方更强、弱势一方更弱，把庭审演变成控方单方主导的局面，使控辩平等、相互对抗无从谈起。

3. 创造自由平等的发言机会。庭审是庄严的，是集中体现司法权威的重要场所。但是，现代刑事诉讼制度已经改变了纯粹的纠问式审判方式，基于基本人权的保护，把被告人由诉讼客体上升为诉讼主体，且庭审承载的发现案件事实真相、实现公平正义等价值功能也决定着被告人不是审判的客体，而是参与诉讼活动的主体。而法庭的对抗由控辩两方进行，被告人要达到自己的利益目标，就必须始终积极参与，收集证据，提出主张，用证据证明主张，反驳指控，争取对裁判者施加有利于己方的影响，而不能消极地等待审判。在庭审过程中，法官对庭审的驾驭能力也体现在如何保障被告人的合法权利，使其免受强迫，能够真实表达自己的意思，有相当的发言机会与控方进行平等对抗，充分、自由地阐明自己的观点和理由。

（五）保障庭审

审判长对庭审的驾驭能力还体现在对庭审的保障能力。所谓保障，就是确保、保证做到。审判长对庭审的保障，意味着通过驾驭庭审、控制局面确保庭审活动的顺利进行以及庭审目标任务的圆满完成，确保通过庭审活动查清案件事实、充分听取控辩双方针对案件事实、证据、定罪量刑、适用法律等方面的意见，进而为裁判决策提供依据。审判长的庭审保障能力，主要体现在以下几个方面：

1. 保障法官诉讼地位的实现。诉讼中，审判是中心，而审判则以庭审为中心。庭审中，法官处于控辩审的中心位置，所有的诉讼参与人都应当服从法官的组织指挥。这种应然层面的法官地位需要通过审判长对庭审的控制和驾驭来确保，体现司法的权威性和庭审的严肃性。

2. 保障庭审实质化目标任务的实现。庭审实质化要求以庭审为中心，使庭审成为解决案件问题的主要场所，法官作为裁决者的一切心证均来自庭审活动，而非来自庭前或庭后。庭审中，法官居中主持庭审、听审，控制和主导着庭审活动的方向，其间由公诉方举证，被告人方辩驳，法官需要引导双方围绕争议焦点进行举证、质证，紧扣焦点辩论，确保通过庭审的方式认定案件事实，并在此基础上决定被告人的定罪量刑。

3. 保障庭审秩序的正常进行。实践中，庭审秩序显然需要依靠司法警察来维护。在庭审期间，法警都会在现场值庭，一般警务专业问题自然由法警根据规定把握。需要讨论的问题是，当庭审中出现突发情况时，司法警察与审判长之间，究竟听谁的？显然，审判长是庭审活动的总指挥，有责任保障整个庭审活动循序进行，法警也需要服从法官的指挥和调动。

二、引导

所谓引导，意思就是带领、启发、使跟随。庭审中，如何引导控辩双方紧紧围绕审理的目标和方向，有针对性地举证、质证和辩论，形成有效的对抗和论辩，是法官庭审驾驭能力的重要组成部分。法官对庭审活动的引导可以通过以下途径加以实现：

（一）耐心倾听

在心理学中，倾听，属于有效沟通的必要部分，以求思想达成一致和感情的通畅。狭义的倾听是指凭借听觉器官接受言语信息，进而通过思维活动达到认知理解的全过程；广义的倾听包括文字交流等方式。在主持庭审活动中，法官能否做到耐心倾听，实际上体现了一种引导，是庭审驾驭能力的重要组成部分。法官面对控辩双方的发言，能够耐心倾听，听发言一方把话讲完，表明法官对控辩双方的发言内容感兴趣，体现对庭审重点的确认和认同，也彰显了对控辩双方的尊重，起到了引导作用。

（二）察言观色

所谓察言观色，是指通过观察别人的说话或脸色，揣摩别人的心意。该词语出自《论语·颜渊》："夫达也者，质直而好义，察言而观色，虑以下人。"现实生活中，直觉虽然敏感却容易受人蒙蔽，懂得如何推理和判断是察言观色所追求的顶级技艺。言辞能透露一个人的品格，表情眼神能让我们窥测他人内心，衣着、坐姿、手势也会在毫无知觉之中出卖它们的主人。言谈能告诉你一个人的地位、性格、品质乃至流露内心情绪，因此善听弦外之音是"察言"的关键所在。如果说观色犹如察看天气，那么看一个的脸色应如“看云识天气”般，有很深的学问，因为不是所有人所有时间和场合都能喜怒形于色，相反是“笑在脸上，哭在心里”。其中，“眼色”是“脸色”中最应关注的重点。它最能不由自主地告诉我们真相，人的坐姿和服装同样有助于我们观人于微，进而识别他人整体，对其内心意图洞若观火。审判实践中，法官在庭审中通过对当事人、证人等的言行、举止、神态等的“察言观色”，可以达到推动和引导庭审的效果。

察言观色，类似于古代判官中的“五听”。据史料记载，西周初期，在摒弃商朝神断法的基础上，经过对司法经验的认真总结，就已形成了“五听”的审判方法。其中，《周礼》记载：“以五声听狱讼、求民情。”所谓五听，“一曰辞听，二曰色听，三曰气听，四曰耳听，五曰目听”。对此，东汉的郑玄注释如下：“观其出言，不直则烦；观其颜色，不直则赧然；观其气色，不直则喘；观其听聆，不直则惑；观其眸子视，不直则眊。”意思就是说，观察当事人的表达，语无伦次，则所言非实；观察当事人的面色，面红耳赤，则所述非实；观察当事人的喘息，所言非实，则气喘吁吁；观察当事人的听觉，所言非实，则听觉迟钝；观察当事人的目光，所言非实，则双目无光。“五听”在审判方法上，摆脱了“神断”方法，集中到对人的观察上，成为早期司法心理学的一大创造。

（三）争点归纳

所谓争点归纳，是指在庭审过程中，审判长在控辩双方各自陈述了自己的观点、意见之后，及时概括、归纳双方的争议焦点。争议焦点是指案件中当事人双方发生争执影响案件处理结果的事实问题和法律适用问题。争点归纳的主要功能和作用，具体表现在以下三方面：

1. 及时确定审理对象。实践中，争议焦点的范围包括事实争议焦点、证据争议焦点、法律争议焦点等方面。争议的焦点一般按指控的事实能否认定，证据是否确实、充分，指控的罪名能否成立，是此罪还是彼罪以及如何正确适用法律等顺序进行归纳；也可以按争议焦点的主次顺序进行归纳。

2. 把复杂问题简单化。在复杂案件的审理中，通过争点归纳，能够及时把纷繁复杂的争议简化为可以理性讨论的具体问题，从而有效缩小争议范围，降低争议解决难度，使复杂问题简单化。

3. 决定庭审的进程和审理方向。争点归纳是一项很重要的庭审驾驭技术，被喻为“定轴”的工作。凭借争议焦点这一轴线的贯穿，法官指挥、引导控辩双方朝特定的目标和方向，理顺繁杂、凌乱的诉讼资料，划清审判脉络，保障了庭审的有序与高效。

（四）疑点指示

所谓疑点指示，是指法官在庭审过程中，就案件中存在的被告人身份、案件的侦破、定案证据、量刑证据等方面的疑点，有针对性地引导控辩双方围绕疑点进行举证、质证或发表辩论意见，从而完成案件审理任务。在庭审中可能出现的疑点指示，主要涉及以下几个方面：

1. 案件侦破的疑点指示。庭审中，要审查破案的过程和方法是否正常，侦查机关将被告人列为犯罪嫌疑人的依据是否合理、充分，掌握被告人犯罪线索的证据来源是否合法等。一旦发现疑点，法官必须以指示方式引导控辩双方进行举证、质证或由侦查人员作出解释或说明。

2. 定案证据的疑点指示。刑事案件能否定案，是指这个案件认定被告人所为的证据是否确实、充分，综合在案证据情况，是否已经排除合理怀疑。尤其是命案的审查，能否发现定案的证据疑点，既是庭审审理的主要任务，也是考验法官司法能力的地方。与定案有关的主要问题包括：被告人有无作案动机；有无作案时间；有无第三人作案的可能；有无遗漏同案犯；等等。当庭审中相关疑点没有得到合理排除时，必须引导控辩双方围绕疑点进行举证、质证或作出解释、说明。

3. 量刑证据的疑点指示。典型的量刑情节有自首、立功等诸种情形。近年来实务界在自首和立功情节的司法认定以及相应的刑罚裁量过程中出现了一些不容忽视的问题，有的该认定自首立功的没有认定，影响了公正处罚，有的对自首立功的条件掌握过于宽泛，将与自首、立功本质特征不符的行为认定为自首、立功；有的则因掌握标准不统一而出现操作混乱的局面。因此，在庭审过程中，通过认真审理发现自首、立功等量刑情节证据上的疑点，并引导控辩双方围绕疑点进行举证、质证，一定程度上可以避免或减少此类情况的发生。据报道，几名吸毒人员在戒毒期间，为逃避两年处罚，竟串供编出一个贩毒假案，并向警方“自首”，企图通过获得几个月的有期徒刑来“以小换大”，自认为编造得天衣无缝的作案过程，最终却被办案人员从细节入手识破。

三、干预

按词典释义，所谓干预，是指过问或参与的意思。从庭审的结构和模式来看，无论是职权主义模式还是当事人主义模式，就庭审的基本构造来说，都呈现出“控、辩、审”这“三方组合”的形式，而法官的诉讼角色则是“居于其间、踞于其上”的“中立”裁判者。尤其是当事人主义庭审中，控辩双方诉讼地位平等，并就诉讼主张和证据展开诉讼攻防活动，法官居中裁判，一般不积极、主动干预控辩双方的活动，尽可能地不发言或少发言，而只是耐心地、冷静地听取双方当事人的意见，因此被称为“沉默的法官，争斗的当事人”。但是，在现实庭审中，特别是在出现突发情况下，法官对庭审过程的适时适度干预还是必要的，也是庭审驾驭能力的应有内容。法官对庭审进程的驾驭和干预主要体现在以下几方面：

（一）重在预防

所谓预防，是指预先做好事物发展过程中可能出现偏离主观预期轨道或客观普遍规律的应对措施。庭审中，一个具有优秀庭审驾驭能力的法官应当重在预防，除非迫不得已，一般不干预控辩双方的举证、质证等庭审活动。法官的预防能力主要表现在以下几方面：

1. 庭前有预案。所谓庭审预案，是指根据庭前预测，针对庭审中潜在的或可能发生的重大事项的类别和影响程度而事先制定的防范与应急处置方案。一般来说，事先有防范，事中就有把握，更能预防突发事项的发生。

2. 庭上有防范。审判实践中，法官在庭上是否具有防范意识，并采取必要的防范措施，对于避免突发事项的发生意义重大。比如说，针对控辩双方的争辩，如何避免双方情绪激动而破坏庭审秩序，法官能够有效防范或适时提醒控辩双方注意控制自己的情绪就非常重要。

3. 事态不扩大。针对庭审中出现的突发状况，对于法官来说，如何避免事态的扩大或升级也非常重要，这也是预防更为严重事件出现的必要措施。

（二）及时劝阻

所谓劝阻，指劝导、鼓励和禁止；以理相劝，劝人不要做某事并阻止其做某事或进行某种活动。法官在庭审中进行干预的重要行为表现之一就是及时劝阻，即对庭审过程中出现的违反法庭规则等突发情形以及相关当事人进行适当的规劝、阻止，防止事态扩大，维持和恢复庭审秩序。庭审过程中，违反法庭规则的事情时有发生，有的是当事人或旁听人员不清楚法庭规则而无意违反，有的是故意破坏法庭秩序，干扰审判活动的正常进行。根据实践中违反法庭规则的具体情况，大致可分为以下三种情形：

1. 违反法庭规则的“轻微”情形。此类情形属于轻微违反法庭规则，如未经法庭允许录音、录像，未经允许在法庭内走动；旁听群众坐姿不雅、接打手机、窃窃私语等。

2. 违反法庭规则的“较重”情形。此类情形属于较为严重违反法庭规则，如不服从审判人员的庭审指挥与安排，故意打断对方发言、提问；当事人使用侮辱、诽谤、过激的言辞，经法庭劝阻后仍然继续；旁听群众擅自发言，或对当事人进行指责、辱骂等。

3. 违反法庭规则的“严重”情形。此类情形属于严重违反法庭规则，如哄闹、冲击法庭，侮辱、诽谤、威胁、殴打审判人员；当事人、旁听群众对另一方当事人或其他旁听群众实施殴打等伤害行为。

（三）有效处置
——各种情景及其处置方法

所谓有效处置，是指法官在庭审中对出现的各种突发、意外事件反应敏捷并及时作出妥善处置。在庭审判断中，由于案情复杂，当事人个体情况特殊，以致在庭审中出现种种突发事件，影响庭审的正常进行，这就要求法官具备细致入微的观察能力、敏锐的反应能力、果断的处置能力，以排除各种干扰，确保庭审顺利进行。处理突发事件时要严格依法进行，措施既要合法又要合理，处理问题要果断，防止事态扩大和矛盾激化。对能当庭处理的当庭予以处理，不能当庭处理的及时休庭，休庭后引导当事人合法反映问题。对庭审中出现问题法官的处理，一定要记入庭审笔录，以备以后查用。

【延伸阅读】

各种情景及其处置方法

1. 情景一：当事人情绪激动，在法庭上喊冤或者鸣不平时，应当如何处置？当事人不听劝阻的，如何适当处置？

被告人被带入法庭即向旁听人员喊冤。法警应首先制止。

告知：被告人 ×××，在法庭审判过程中，被告人和其他诉讼参与人应当遵守法庭秩序，法庭对你提出警告，你要发言、辩护，必须经法庭许可。

注意：必要时，审判长可敲击法槌，以示警告。

2. 情景二：诉讼各方发生争执或者情绪激动、进行人身攻击时，应当如何处置？

审判长可以敲击法槌，予以制止。

告知：辩论各方要遵守法庭秩序，注意控制个人情绪，不要进行人身攻击。

或告知：人民法院审理案件，以事实为根据，以法律为准绳，严格依法进行。被告人在法庭审理中，可以充分行使辩护权，但绝不允许进行人身攻击或辱骂、诽谤对方。被告人 ×××，你继续回答刚才的讯问（或继续进行刚才的陈述）。如仍不听劝告，可将被告人带出法庭，宣布休庭。休庭后，依法训诫。

注意：问清理由，以便训诫有针对性。

3. 情景三：被告人作出双手抱臂等其他傲慢姿态藐视法庭的怎么办？

告知：被告人应当停止……的动作，端正姿势，参加庭审。如被告人不听劝告的，宣布休庭，将被告人带下。休庭后，对被告人进行训诫。

注意：训诫时，问清被告人这样做的理由，以便有针对性地训诫。

4. 情景四：被告人表现出痛哭流涕等情绪激动的怎么办？

审判长应当予以制止。

告知：被告人要遵守法庭秩序，控制住自己的情绪。

如被告人不听劝告的，宣布休庭，将被告人带下。应当问清被告人，以便有针对性地进行劝导。

5. 情景五：被告人进入法庭后即坐下怎么办？

告知：被告人，本庭没让你坐下，别坐下，要听从法庭指挥。被告人起立。

（该坐下时会让你坐下，体现人性化。）

告知：各被告人可以坐下。如你们有身体不适的，可以举手向本庭示意。

6. 情景六：旁听人员（被害人亲属）情绪激动怎么办？

应及时制止。

告知：诉讼参与人（或旁听人员）应当控制情绪，遵守法庭纪律，不得实施妨害审判活动的行为。

如被害人参与庭审又不听劝阻的，可以宣布休庭，进行规劝、教育。

如被害人系旁听人员的，可以指令法警将被害人（或旁听人员）带出法庭，继续审理。

7. 情景七：旁听人员在庭审中插话、发言，怎么办？

旁听人员在庭审中插话、发言，应及时制止。

告知：旁听人员应当遵守法庭纪律，未经法庭许可，不可发言。

如对法庭审判活动有意见，可在庭后以口头或书面形式向本院提出。

如旁听人员不听警告、劝阻的，审判长可指令法警将该旁听人员带出法庭，予以训诫。

7. 情景八：辩论阶段，控辩双方各执一词，辩论冗长的怎么办？

告知：刚才法庭辩论中（或法庭辩论已进行 × 轮），辩论各方已充分阐明各自的观点。法庭认为，本案争议的焦点是……（审判人员可根据公诉人、被告人、辩护人的意见直接归纳本案争议焦点，但不要重复罗列辩论各方具体的观点及依据）。辩论各方应围绕上述争议焦点开展辩论。

然后问：公诉人（或被告人、辩护人），还有什么新的意见？

8. 情景八：辩论阶段，控辩双方重复阐述观点、延迟时间的怎么办？

归纳控辩双方意见后，宣布：公诉人（或被告人、辩护人）如有新的意见，请在 × 分钟内阐述。

如果同一被告人的两名辩护人分别发表或强调相似、相同的辩护意见，则可告知：刚才，辩护人 ××× 已经较详细地发表了辩护意见，法庭已充分注意，并已记录在案；辩护人 ×××（另一辩护人）你还有什么新的意见？

9. 情景九：被告人没完没了讲故事，怎么办？

告知：刚才法庭辩论中（或法庭辩论已进行 × 轮），辩论各方已充分阐明各自的观点。法庭认为，本案争议的焦点是……被告人要注意控制发言时间，并应围绕上述争议焦点开展自行辩护。

10. 情景十：辩论各方在第二轮辩论中，没有围绕争议焦点发表意见的怎么办？

可以再次简要概述争议焦点，告知：公诉人（或辩护人）应当围绕争议焦点发表意见。

第二轮辩论后，辩论一方（或各方）还要求进行第三轮辩论，如案件争议焦点及各方理由已基本阐明，可宣布：法庭已充分听取了辩论各方的意见并已记录在案。辩论各方如果还有意见，可在退庭后以书面形式提供给法庭。

注意：在第一轮法庭辩论后，审判长即可归纳本案争议焦点，要求辩论各方围绕争议焦点发表意见，已经阐述过的理由和意见不要重复。

四、决断

所谓决断，就是判定案情或事情，作决定，拿主意。庭审是司法过程的焦点，参与者众多、权利关系复杂、各方利益冲突明显，这使庭审过程的动态性强，涉及面广，不确定性因素多，容易出现突发情况。法官的庭审驾驭能力之一，就是善于明辨是非，善于决断选择，能够有效地预防和处置突发事件，冷静、果断、及时应对庭审中出现的复杂局面。按决断内容来分，决断包括程序性决断、实体性决断两种情形。

（一）程序性决断

所谓程序性决断，是指法官在庭审过程中对所遇到的案件审理程序性问题作出决断。现实中，有的法官应变能力较差，对庭审中出现的突发事件和各种复杂局面不能妥善处置。诉讼各方发生争执或者互相进行人身攻击时，法官应当及时作出决断、制止，并对各方均进行批评教育，不得偏袒一方；告诫各方必须围绕案件依序陈述；对不听劝阻的，依照有关法律规定作出适当处置。当事人情绪激动，在法庭上喊冤或者鸣不平时，应当重申当事人必须遵守法庭纪律，法庭将会依法给予其陈述时间；当事人不听劝阻的，应当及时制止；制止无效的，依照有关规定作出适当处置。

（二）实体性决断

所谓实体性决断，是指法官在庭审过程中对所遇到的案件实体性问题作出决断。比如，被告人、辩护人当庭申请通知新的证人到庭，调取新的证据，重新鉴定勘验时，法官该怎么办？当遇到此类情形时，法官一般先问明申请该证人的姓名或该证据的存放地点、拟证明什么事实及重新鉴定或勘验的理由。同时，对该证据与案件是否有关等作出决断。

1. 如系与案件无关或重复的证据。可告知：

“根据刑事诉讼法的规定，辩护人（或被告人）申请……证据，与案件无关（或与法庭调查中已出示、宣读的证据重复，或不影响查明本案、本节事实），法庭不予准许。现在继续进行法庭调查。”

2. 如可能影响案件事实认定的证据。可宣布：

“法庭同意辩护人（或被告人）的申请，依照刑事诉讼法规定，本案延期审理，现在休庭。”

专题三　庭审驾驭的技巧与方法

在前述有关庭审驾驭具体方式的基础上，本专题主要就庭审驾驭的技巧与方法作进一步阐述。庭审驾驭的具体方式主要包括指挥、引导、处置、决断等，而庭审驾驭的技巧与方法则侧重从如何指挥、引导、处置、决断等方面作更深一层的探讨，更具实务操作价值。可以说，前者侧重具体的方式，后者则侧重具体的实践路径与技巧、方法和策略。结合作者本人多年的审判实践体会，本书认为有以下六个方面的内容可作为庭审驾驭的技巧与方法来对待。

一、合理分配和把握各方陈述、辩论时间，有效控制庭审节奏

庭审中，庭审节奏的合理控制与把握是衡量法官庭审驾驭能力的重要指标。问题的关键在于，究竟如何合理分配和把握各方陈述、辩论时间，从而有效控制庭审节奏？对此，本书从发言的顺序、次数以及时间不够情况下发言的安排等三个方面对此略加探究。

（一）发言顺序怎么掌握

法官对庭审的驾驭能力很大部分体现在对控辩双方发言、发问顺序的掌控上，扮演主持人的角色。刑事案件审理中，究竟让哪一方先发言，并非可以随意确定，还是很有讲究的。一般来说，发言的顺序

要视案件的审理程序不同而有所区别，有时跟被告人的多少也有关系。具体可分为以下几种情形加以把握：

1. 一审案件发言顺序的掌握。刑事一审案件主要包括一审刑事公诉案件、一审自诉案件两大类。其中，一审刑事公诉案件审理中，为体现刑事诉讼的“公权力”特性，应当让公诉人先讯问被告人，辩护人后发问；到法庭辩论阶段，应当由公诉人先发表公诉词，辩方再发表辩论意见；在法庭辩论环节，为凸显被告人的主体地位，一般应先由被告人本人针对公诉词进行自行辩护，接着再由辩护人发表辩护词。实践中，有的被告人明确表示由律师代为辩护时，可由辩护人直接发表辩护意见。同理，在一审自诉案件审理中，应先由自诉人发言，再由被告人自行辩护。

2. 抗诉案件发言顺序的掌握。抗诉是指人民检察院对人民法院作出的判决、裁定，认为确有错误时，依法向人民法院提出重新审理要求的诉讼活动。在我国，抗诉是法律授予人民检察院代表国家行使的一项法律监督权。刑事抗诉案件审理过程中，应当参照刑事一审公诉案件的发问、发言顺序进行。在法庭调查环节，应当由出庭支持抗诉的检察员先对被告人进行讯问，而后由辩护人对被告人进行发问。在法庭辩论环节，先由检察员发表抗诉意见，然后由被告人自行辩护，接着由辩护人发表辩护意见。上述发问、发言顺序实际上由抗诉案件的性质和检察员的法律地位所决定，体现“控方”的主导作用。

3. 上诉案件发言顺序的掌握。刑事案件上诉审程序，是指第二审人民法院根据上诉人的上诉，对第一审人民法院尚未发生法律效力的判决或裁定进行审理时所应遵循的步骤和方式、方法。上诉案件是二审案件中的一种，在此类案件庭审中，法庭调查环节应先由被告人陈述上诉理由，在发问环节，由辩护人先对被告人进行发问，然后由检察员对被告人进行讯问。在法庭辩论环节，应先由上诉的被告人自行辩护，然后辩护人发表辩护意见，接着由检察员发表出庭意见。上述发言顺序总体上体现被告人及其辩护人先发言，检察员后发言，彰显了上诉审案件中被告人“发动”程序的特征，因而有别于抗诉案件。

4. 多被告人案件发言顺序的掌握。此处多被告人案件包括两名以上特别是三名以上被告人案件，各被告人的发言顺序究竟如何掌握？对此，还得根据不同审理程序区别对待。在一审公诉案件中，应当根据各被告人在共同犯罪中的地位和作用，按主从犯来排列确定发言顺序，如果不全然是共同犯罪，还要根据罪名的主次来安排。一般来说，可以直接参考起诉书指控的被告人排列顺序进行。在二审程序中，如果是抗诉案件，在法庭调查、辩论等环节，一般宜安排检察机关抗诉所针对的被告人先发言，然后根据被告人在共同犯罪中的主次程度确定发言顺序。在上诉案件审理中，则应先安排上诉的被告人、按主次程度先发言，对其余没有上诉的原审被告人按主次程度依次发言。

（二）发言究竟安排几轮

在法庭辩论环节，究竟安排控辩双方进行几轮辩论为妥，这也往往是体现审判长庭审驾驭能力的重要内容。对此，实践中，应当注意把握以下几点：

1. 至少安排完整一轮。这也意味着发言至少全面安排一轮，让控辩双方都有发言的机会。以二审上诉案件为例，在法庭辩论环节，上诉人先自行辩护，然后没有上诉的原审被告人进行发言，接着由辩护人发表辩护意见，再由检察员发表出庭意见。这是完整的一轮，绝不可遗漏任何一方，或遗漏任一被告人。

2. 究竟安排几轮视案情决定。在法庭完整安排第一轮辩论后，是否再完整地轮一遍，再进行详细的辩论，要视案情决定，看控辩双方对案件事实、证据、定罪量刑、适用法律等方面的争议内容以及程度，可以反复多轮，尽可能让控辩双方展开充分的质辩，使真理越辩越明。

3. 安排一轮兜底发言。在法庭辩论中，不少案件本身事实清楚，证据确实、充分，定性也比较清楚，主要是量刑问题。尤其是重刑案件，证据往往比较扎实，二审庭审中，上诉人及其辩护人的主要诉求就是量刑问题，或要求对被告人判处死缓，因此辩点不是很多。实践中，有的经过完整一轮控辩双方的辩论发言之后，控辩双方的观点均已阐明，此时，为了防止遗漏控辩双方的观点，法庭应安排一轮兜底发言。所谓兜底发言，就是最后征询控辩双方针对对方的发言，有无新的观点？有无需要答辩的内容？如果有，请控辩双方进行答辩。直至控辩双方表示没有什么要继续发言为止。这种兜底性质的征询程序，能够充分彰显法庭审判的程序正义，体现让控辩双方尽可能充分质辩，体现法官的中立性、公正性和权威性。

（三）时间不够怎么办

司法资源总是有限的，开庭时间也不可能无限期延长。尤其是一些大要案的审理，需要公安等相关部门的配合才能顺利完成庭审，因此如何掌控庭审的节奏，按计划在预定的时间范围内完成庭审，是对法官庭审驾驭能力的重大考验。当遇到庭审时间不够时，作为审判长该怎么办？当时间不够时，更应当在控辩双方之间营造一种“公平”

的对抗氛围。对此，应当注意把握以下几个方面的技巧与方法：

1. 公平分配发言机会和时间。当庭审时间比较紧张时，在有限的时间内如何公平合理地在控辩双方之间进行分配，就显得非常重要。一方面，应当注重发言机会的公平，使控辩双方在法庭辩论结束之前都有机会发言。另一方面，要在发言时间上体现“公平性”，不能让检察员一发言就“长篇大论”，占用大量时间，而轮到辩护人或被告人发言，一再提醒其简短，甚至不断打断其发言，使控辩用时严重“失衡”。

2. 善于提醒或防范已经发表的意见不再重复。实践中，有的经济犯罪案件比较复杂、疑难，或被告人人数多、辩护人多，经常遇到时间不够的情况，有的庭审开到晚上十点多钟，甚至更晚。在法庭辩论过程中，当庭审时间不够或预测不够时，法官一定要有提前量，提前控制庭审的节奏、提高庭审的效率，同时又要尽量避免庭审中打断控辩双方发言的现象发生。对此，我们的通常做法是，在第一轮发言时，尽量不去制止或打断任何一方的发言，应当允许参与各方把话讲完。当安排第二轮、第三轮、第四轮等后续发言过程中，审判长应当提前提醒控辩双方：“法庭辩论已经进行 × 轮，控辩双方的观点均已记录在案，已经发表的观点或意见无需重复。控辩双方如果没有新的观点，法庭辩论将就此终结。”然后再逐一征询控辩双方有无新的意见。在询问过程中，一定要使用加重的语气语调，强调和突出“有无新的意见”。一般情况下，控辩双方会说“没有新的意见”，在此情况下，就可进入收尾。当然，庭审也需要实事求是进行，在控辩双方确需进一步阐明意见的情况下，也应当予以允许，体现“时间服从质量”。

3. 提示控辩双方还可在庭后以书面形式详细提交。有的庭审过程中，有的检察员或辩护人喜欢长篇大论，一般情况下，作为法官都应当让控辩双方有充分的发言时间，但有时不得不进行一些把控，确保庭审效率。为弥补庭审时间的不足或仓促，审判长可针对控辩双方的“一些长篇大论”或“重复”，可以在提醒控辩双方“请 ×× 尽量简要发表观点”的同时，再补充一句“详细的理由和意见还可以在庭后以书面形式向本庭提交”，从而提高“提醒”“制止”的可接受性和正当性，避免与任何一方发生不必要的冲突。

4. 不得已需要制止时尽量对控辩双方都制止。在庭审推进过程中，有的辩护人或检察员“长篇大论”，不断重复已经发表的意见，而此时庭审时间又非常紧张，有的不得不打断一方的发言，或进行一些提醒、制止。但一旦处置不当，容易引发一方尤其是辩护人一方的逆反心理，甚至出现当庭抗议等不“和谐”情况，损害司法的权威。因此，如何恰当处置，成了检验法官庭审驾驭能力的一个重要内容。对此，作者的体会是，无论如何处置，一定要注意彰显司法的“公平性”，营造平等对待控辩双方的氛围。在具体处置过程中，注意对控辩双方都要进行适当的提醒、引导或制止。比如说，当控辩双方都出现重复已经发表的意见，或一方出现比较明显的重复情况时，不妨都以对检辩双方进行提醒的形式进行，可以反复作如下提醒：“法庭辩论已经进行 × 轮，检辩双方的观点均已记录在案，已经发表的观点或意见无需重复，请检辩双方在发言时注意突出重点，节约庭审时间。”若辩方特别明显时，可以单独进行提醒：“请辩护人注意，已经发表的观点或意见无需重复。”但当检方也出现类似情形时，则必须对检方也要进行及时地提醒。总之，要体现“公平性”。

二、善于把握庭审主动权，适时引导控辩双方形成交锋

（一）如何把握举证“主导权”，选择恰当的举证方式

选择何种举证方式方法，要视案情决定，并从是否引导控辩双方形成争锋、是否有利于查清案件事实、提高审判效率等角度加以考量。一般来说，实践中常见的举证方式方法有：

1. 分阶段举证法。所谓分阶段举证，针对集团犯罪和其他共同犯罪等较为复杂疑难的刑事案件，视案情将案件发展的全过程分为若干个阶段，分阶段逐一举证。

2. 分组举证法。所谓分组举证，是指根据案件证明对象和内容对证明方向一致、证明同一内容的数份证据归为一组，按主要证据和辅助证据建立环环相扣的证据组合，按组合顺序进行逐一举证。分组举证的好处，有利于从不同层面、角度形成共同证明力和同一指向性，便于总结证明主题、提升案情认知、归纳争议焦点。比如，按被告人主观上是否具有非法占有为目的的诈骗主观故意，进行证据组合时，可将下列证据列为一组：（1）证明资金流向和财物最终处置状况的相关财务账册等书证；（2）财务人员等证人的证言；（3）被告人本人的供述和辩解；等等。通过全组证据展示，可以比较清楚地显示被告人主观上是否具有非法占有的目的，有利于被告人当庭认罪认罚、最终信服接受裁判，也有利于旁听人员全面认知了解案情，如此庭审的效果势必得到充分彰显。

3. 重点举证法。在分阶段分组举证过程中，要同时结合采用重点举证法，即善于把握关键事实、针对关键情节组织举证。如抢劫杀人犯罪案件被告人有无作案时间和动机、作案条件，诈骗犯罪中被告人有无非法占有他人财物的目的和故意；对于当庭翻供的被告人，应当让公诉人出示、宣读被告人以前的供述，并通过宣读被害人陈述、证人证言等，确定其在侦查阶段作出的有罪供述是否真实。

（二）如何把握质证“主导权”，选择恰当的质证方法

选择何种质证方式方法，也要视案情决定，并从是否引导控辩双方形成争锋、是否有利于查清案件事实、提高审判效率等角度加以考量。一般来说，实践中常见的质证方式方法有：

1. 单一质证法。所谓单一质证法，又称重点质证法，是指对控辩双方所举的证据和法院调取的证据在庭审过程中逐一加以质证或重点进行质证，并提出反驳证据或意见。单一质证包含着逐一质证和重点质证两种具体方式。逐一质证是指对控辩双方所举的每份证据按“一证一质”的方式逐一听取双方的质辩意见。重点质证则指的是在举证、质证过程中对某一份重要证据进行重点质证，重点听取双方质辩意见。

2. 分段质证法。所谓分段质证法，是指根据案情在时间维度上分阶段逐一举证的基础上，分阶段逐一质证。比如，针对集团犯罪和其他共同犯罪等较为复杂疑难的刑事案件，视案情将案件发展的全过程分为若干个阶段，在时间维度上分阶段逐一举证的基础上，分阶段逐一质证。根据前述举证方法的阐述可见，质证方式方法与举证方式方法的选择有密切的关系，出于诉讼效率、方便的考虑，什么样的举证方式往往决定着什么样的质证方式。尤其是分阶段举证法的运用过程

中，分阶段举证势必伴随着分阶段质证，只有这样，操作起来才会更方便。

3. 分组质证法。所谓分组质证，是指根据案件证明对象和内容对证明方向一致、证明同一内容的数份证据归为一组，按主要证据和辅助证据建立环环相扣的证据组合，按组合顺序进行逐一举证、质证。分组质证既包含对证据分组、分类进行质证，即对证据或诉讼请求依据一定的标准先进行分组、分类，确定几条线索，再加以质证，也包括按犯罪事实“一事一证一质”。例如，在某涉黑恶刑事案件庭审实践中，合议庭可围绕公诉机关指控的犯罪罪名、犯罪事实及涉案财产，按照一事一质的方式，逐一向被告人进行法庭调查，认真组织控辩双方进行举证、质证和法庭辩论，充分听取公诉人、被告人及其辩护人的意见。

（三）如何设置辩题，引导控辩双方形成争锋

在法庭质证与辩论过程中，可能出现的情况是，控辩双方自说自话，双方之间没有形成真正的交锋，影响庭审效果。随着庭审进程的推进，当发现部分事实不清或双方意见不明时，作为庭审活动的主持人，审判长应当根据审理的需要，善于设置一些辩题，请一方当事人或检察员发表答辩意见。辩题一般为争议的焦点或对定案较为重要的细节、情节。以合同诈骗为例，审判长应当围绕行为人主观上是否具有诈骗犯罪故意，客观上签订合同主体是否适格、被告人有无采取欺诈手段、取得对方财物后是否存在非法处置情形或对财物的滥用，事后有无积极采取补救措施等方面设置辩题，请检察员举证或答辩，使检辩双方围绕关键事实、情节形成交锋、展开充分质辩，进一步查清

事实、固定证据，正确形成法律判断。需要指出的是，审判长主动设置辩题时应当注意以必要为原则，同时注意辩题的可变性、公平性、准确性等要求。

（四）请公诉人质证，什么情况下用“请”

公诉人是指在人民检察院担任诉讼的人，其主要职责是对人民检察院提起公诉的案件，代表本院以国家公诉人身份，出席法庭支持公诉，进一步阐述公诉机关的指控意见，并通过举证、质证和辩论，使合议庭确认公诉机关对被告人的指控，依法宣判被告人有罪并处以相应的刑罚。公诉人还肩负着监督法庭审理案件有无违反法律规定的重要职责。实践中，有的同志提出，在以审判为中心的改革背景下，过去一些习以为常的做法或语言表述值得反思，比如说，过去经常遇到“下面，请公诉人质证”这样的表述，该表述中使用“请”字，实际上有降低法官身份的嫌疑，建议改为“下面，由公诉人质证”更妥。也就是说，法官是庭审的主持人，应当体现法庭的权威性，一般不宜使用“请”字，用“由”字更合适。对此，笔者专门查了词典，对汉语中“请”字的含义进行了一番探究。根据词典的解释，“请”字共有四种解释：一是求：~求。~示。~假（jià）。~命。~战。~教（jiào）。~愿。~君入瓮。~缨（喻请战杀敌）；二是敬辞，用于希望对方做某事：~进。~坐。~安。~便；三是延聘、邀、约人来：~客。~柬。邀~；四是谒见、会见：“造~诸公，不避寒暑”。从上述含义来看，出于司法文明和礼貌的考虑，笔者认为，法官在庭审主持中使用“请”字并无不妥。尤其是在需要体现一种“强制”“指挥”“命令”等意思的时候，使用“请”字更能体现先礼后兵的内涵，并不意味着一定降低法官的身份。当然，同样一个“请”字，配上什么样的语气语调也非常关键，从某种意义上说，法官的权威性，不仅体现在语言上，而且体现在语气语调上。不过也要说明的是，实践中实在不想用“请”字，用相对中性的“由”字也未尝不可，还得看具体情况再来讲究。

三、准确归纳争议焦点，及时确定庭审方向

准确归纳争议焦点，有利于确定庭审重点，正确引导当事人举证质证，从而有效地开展庭审活动，提高庭审质量和效率。而归纳争议焦点是在法官听取了控辩双方的争辩之后作出的，实践中，法官所归纳的争议焦点错误、与案件事实毫不相干的情形很少发生，但归纳的争议焦点不准确或过于宽泛的现象却时有发生，有的把“争议焦点”点“大”了，有的把裁判结果要解决的问题等同于“争议焦点”，庭审询问的针对性不强，有的由于多个争议焦点交织在一起难以把握。为增强争议焦点归纳的准确性，及时确定庭审方向，应当注意把握以下几点：

（一）做好争议的原始记录

在法庭审理过程中，除了书记员进行记录以外，法官边听边记，自行做些记录也非常重要。特别是针对控辩双方争议的要点做些原始记录，便于当庭及时、准确地归纳出双方的争议焦点。因此，从某种意义上说，法官在听的过程中做些记录，也是专注的体现，是法官有效控制并驾驭庭审的重要技巧和方法之一。

（二）忠实于争议的原始内容

为避免归纳不准确，法官一定要注意忠实于争议的原始记录，要善于根据原始记录，归纳总结出争议的要点。一方面，要忠实于控方的发言内容，另一方面也要忠实于辩方的辩护、辩解内容，立足双方争议的“症结”问题，使归纳的争议“焦点”直接点在真正的焦点上。

（三）找准控辩双方争议的“关键点”

争议焦点就是发生纠纷、控辩双方争议的“症结”和“关键点”。实践中，法官要多注重经验的总结和积累，学会抓“点”、找准“关键点”，归纳到“点”子上。那如何才能找准关键点呢？实践中可以有不同的方法，其中一个很重要的方法就是“倒推法”。对于法官来说，能否掌握“倒推法”，显得非常重要。所谓“倒推法”，即倒着推理。正常推理是，根据已知的条件推出结论。而“倒推法”应用在寻找争议焦点上，就是倒着推理，根据结论推出应具备的条件。

（四）善于分解和把握多个争议焦点

有的案件虽然只有一个指控，但可能存在多个争议焦点，对于多个争议焦点，有的法官把握不住。以合同诈骗罪为例，如果笼统地进行归纳，就一个争议焦点：被告人的行为是否构成合同诈骗罪，是否需要承担刑事责任。如此归纳争议焦点，就没有办法深入讨论下去，就是不善于把双方争议的问题分解开来，难以把握多个争议焦点。如果进行一下分解，从被告人主观上是否具有非法占有的目的、有无签订合同的主体资格、有无采取欺诈手段、有无非法处置对方财物等方面进行归纳，就更加有利于引导控辩双方进行有针对性的举证、质证和质辩，明确庭审方向。

四、及时整理确认已审结的要素

每一起刑事案件都有一定的构成要素，尽管刑事案件各不相同，但被告人实施犯罪过程的结构基本相同。构成刑事案件的基本要素，主要包括犯罪时间、犯罪空间、犯罪主体、犯罪对象、犯罪行为五个方面，其中，犯罪行为是构成要素中最核心的内容。所谓要素式审判，是指对固定案情的基本事实要素进行提炼，就各要素是否存在争议进行归纳，并围绕争议要素进行审理，从而达到简化审理流程、提高审判效率、实现类案专审简案快审的审判方式。法官在庭审过程中，要及时整理确认已审结的要素，集中精力对未审结的要素进行举证、质证等审理活动，从而提高庭审的质量和效率。

五、高度重视被告人的最后陈述

被告人最后陈述，不仅是被告人重要的诉讼权利之一，而且运用得好对于提升庭审的效果意义十分重大。在庭审结束前，审判长应当告知被告人享有此项权利，且一般情况下，被告人最后陈述的时间不受限制，直到把话讲完为止。但如果陈述的内容与本案无关或重复，或涉及国家机密等，该制止时也应当制止。这就成为检验法官庭审驾驭能力的重要方面。实践中，法官对被告人最后陈述的驾驭技巧和方法主要体现在以下三方面：

（一）不轻易打断被告人陈述

根据最高人民法院司法解释规定，审判长宣布法庭辩论终结后，合议庭应当保证被告人充分行使最后陈述的权利。实践中，有的不重视被告人最后陈述，轻易打断被告人的最后陈述，甚至剥夺被告人的最后陈述权，都是缺乏庭审驾驭能力的体现。

（二）善于听取被告人的最后陈述

所谓善于听取，主要指认真、耐心听取，并善于把握时机，尤其是被告人当庭表示认罪悔罪时，应当让其充分发表悔罪意见。笔者曾经遇到三类实际案例，庭审中被告人的最后陈述效果都比较好。第一类是重大刑事案件，给予被告人在最后陈述中当庭充分表达认罪悔罪、求被害人亲属谅解的内容，对于息诉服判乃至预防刑事冤错案件的发生都具有十分重大的现实意义；第二类是以危险驾驶为代表的具有重大宣传价值的刑事案件，让被告人当庭充分表示后悔、劝说亲友遵纪守法、“不要学他的样”之类，对于普及法制宣传、教育旁听人员具有重大意义；第三类涉及部分被告人不认罪的多被告人案件中，让认罪的被告人先作最后陈述，对于促进其他被告人认罪服判、提升庭审效果具有重大意义。

（三）该制止时善于制止被告人的最后陈述

从实践情况来看，被告人的最后陈述权并非没有限制，可任其自由发挥。尤其有的被告人事先准备了长篇大论，但时间不允许，或者被告人在最后陈述中多次重复自己意见的，审判长可以适时制止；陈述内容蔑视法庭、公诉人，损害他人及社会公共利益，或者与本案无关的，应当制止；在公开审理的案件中，被告人最后陈述的内容涉及国家秘密、个人隐私或者商业秘密的，应当制止。什么时候让被告人自由发挥，什么情况下予以制止，既考验法官的临场判断，又反映法官的应急处置能力。有关被告人最后陈述的驾驭能力将在后述有关庭审驾驭的技巧和方法中按具体情景再作具体阐述。

六、休庭前要进行庭审小结

庭审小结是庭审过程中非常重要的一环，是对整个庭审程序的归纳、总结和提炼。实践中，有的认为，案件往往无法当庭宣判，有的问题难以当庭表态，因此觉得无法进行庭审总结。其实这一看法并不妥当，容易导致庭审不完整。试想一下，无论一审还是二审案件，经过法庭调查、法庭辩论、被告人最后陈述等环节后，往往耗时都已不短，如果不进行一些归纳和小结，不仅旁听群众听不出所以然，而且连参与整个庭审过程的控辩双方也会感到混乱。此时，如果审判长能对控辩双方的主要观点以及争议的焦点作简要归纳、回应，那么不仅参与庭审的各方会觉得法官已经认真听取了其意见，产生公正感，而且旁听群众也会对整个案件的案情、争议点甚至是非有个大致的了解或判断，大大提升了整个庭审的效果。实践中，哪怕是重刑二审案件，需要提请审委会讨论才能定案，但进行适当的庭审归纳和小结也是非常重要的。以刑事二审某案件为例，通常的做法是，审判长最后会做如下宣布和小结工作：

被告人×××抢劫（上诉）一案，经过今天的法庭调查、法庭辩论等公开庭审活动，本庭现在作简要的小结。×××中级人民法院一审认定：（此处简要概括一审认定的事实）。一审以抢劫罪判处被告人×××刑，剥夺政治权利终身，并处没收个人全部财产。×××不服，提出上诉。×××上诉及在今天的庭审中主要提出：（此处简要归纳上诉理由），请求从轻处罚。辩护人提出：（此处简要归纳辩护理由）。出庭的×××省人民检察院检察员认为，原判认定×××抢劫并致人死亡的事实清楚、证据确实充分，定罪准确，量刑适当，×××上诉、辩护理由不能成立（视具体案情归纳，并适当展开），建议驳回上诉，维持原判。鉴于本案案情重大，本合议庭对检辩双方的观点进行分析评议后，还需提请本院院长决定提交审判委员会讨论决定，今天不当庭宣判，宣判日期另定。

专题四　庭审驾驭的心理学技术

一、倾听技术

倾听技术是心理学中的核心技术之一，在庭审驾驭技能中占有十分重要的地位和作用，尤其在建立法庭与当事人各方的信任关系、鼓励当事人正确表达自己内心想法、帮助当事人平复或控制自己情绪、让法官更多了解案情、帮助当事人息诉服判、自愿认罪认罚等方面具有重大意义。在实际庭审中，倾听不是简单地用耳朵来听，它也是一门艺术。一般来说，法官听审时应当注意以下几点：

（一）克服自以为是，积极地听

毫无疑问，法官在庭审过程中应当起组织、指挥作用，但也不能总想占主导地位。尤其是控辩双方举证质证或辩论发言过程中，要克服自以为是和个人偏见，在接纳的基础上，身体适当前倾，积极地听。

（二）克服急躁情绪，耐心地听

耐心当是法官必备的职业素养，亦是其基本工作作风。面对形形色色的当事人，法官首先要有耐心，能够做到耐心接待、耐心倾听、耐心裁判。尤其是在庭审中，要尊重对方，不要轻易打断对话，或匆忙地下结论，要让对方把话说完。诉讼者因为有利益之争，在法庭上或许会不冷静，但无论遇到何种情形，法官都要尽量保持镇定自若，无论是法官的行动还是安坐，都要给人以内敛、克制、恒定的感受，避免在案多人少的压力之下耐不住性子，急于求成。

（三）克服庭审走神，专注地听

法官在庭审过程中，要多看多听少说话，全神贯注，认真听取控辩双方的发言，专心和用心听取各方的陈述。除了仔细查清当事人诉请的内容和法律依据，还应当仔细听取另一方当事人针对诉请的具体抗辩意见和理由，针对双方无争议的案件事实应及时概括归纳，准确归纳出争议焦点，引导当事人对争议焦点涉及的事实问题举证、质证，以便查清案件真相。

二、提问技术

提问技术，是法庭审理中最为常见的技术之一，也是心理学领域的关键技术。法庭审理中的提问主要有三种形式：第一种为公诉人或检察员对被告人进行讯问；第二种为辩护人对被告人进行发问；第三种为法官对被告人进行讯问。在法庭审理中，通过法官或公诉人讯问被告人，或由辩护人向被告人进行发问，有利于查清案情，促进当事人正确表达自己对案件的看法，强化其内省，端正认罪态度。实践中，常见的提问技术可分为两大类：

（一）用好“封闭型提问”

所谓封闭型提问，是指提出问题的答案有唯一性，对方只要用类似“是”或“不是”这样的词就可以回答。比如问：“你早饭吃了吗?”这就是封闭型提问，因为只要用“吃了”或“没吃”就能回答了。这样的提问本质上属于控制性提问，能够让回答者按照指定的思路去回答问题，这对于审理案件、查清事实具有重要意义。在法庭审理过程中，为了搞清楚某一问题，引导被告人直接针对问题进行回答，控辩双方以及审判长都有可能使用“封闭型提问”技术，比如问：“被告人×××，你在抢劫过程中有没有携带尖刀?”“你有没有用尖刀捅刺被害人腰腹部?”这时，被告人只要用“有”或“没有”回答就可以了。从心理学策略角度来看，在交流过程中尤其是心理咨询的时候，通常的规则是，刚刚开始交谈的时候，可以先问一些封闭型的问题，然后逐渐过渡到开放型的问题，形成比较自然的交谈气氛。因此，封闭型提问不能接连用得太多，尤其当交谈的开始阶段已经过去时。假如封闭型提问接连用了三四次，很容易导致被告人形成一种对话格式：就等着法庭提问，然后他（她）来回答，而且这种回答是不展开的，只是用一个词来应答，这很不利于使被审讯者“打开自己”，也容易引发阻抗情绪。

（二）用好“开放型提问”

所谓开放型提问，是指提出比较概括、广泛、范围较大的问题，对回答的内容限制不严格，给对方以充分自由发挥的余地，对方不能用类似“是”或“不是”这样的词来回答。比如问：“你早饭吃了吗?”这就是封闭型提问，而问：“你早饭吃了什么?”这就是开放型提问。在法庭审理案件中，运用好开放式提问，对于查清案件事实、提升审判效果亦具有特别重要的意义。比如说，在刑事案件审理中，法庭可以问：“被告人×××，你的上诉理由是什么?”“被告人×××，你在本次共同抢劫过程中主要实施了哪些行为?”“你为什么认为自己在共同犯罪中起次要作用?”这些问题都属于典型的开放型提问，便于被告人自由发挥、充分阐明自己的观点和理由，同时让被告人当庭自行供述自己的罪行以及作案经过，少问多答，避免引发案件在侦查阶段是否受到办案人员“刑讯逼供”等诸如此类的负面质疑，提升审理效果。

三、释明技术

释明，又称释义，是心理咨询中重要的参与性技术，是言语交流技术中的一种，是指咨询师把求助者陈述的主要内容经过概括、综合和整理，用自己的话反馈给求助者，以达到加强理解、促进沟通的目的。释明、释义也是法官行使释明权的题中应有之义，在法庭审理过程中，为了防止极端辩论主义对诉讼的公正性所造成的损害，当遇到当事人在诉讼上的声明、陈述或举证上存在不明确、不充分、不适当等情形时，由法官向当事人进行适当的发问、提醒，作出释明或者予以明了、补充、修正，有利于让诉讼双方力量在实体上更趋于对等，减少不必要的上诉、申诉，从而实现诉讼效益的最大化。

实践中，通过释义，法官能够向当事人传达其关注的焦点，以及其正在注意听当事人讲话。同时还可以向当事人核对和澄清，以确定法官是否正确理解其试图表达的内容。

【范例】

被告人：如果警察不阻拦的话，我就能早一点把女儿送到医院，她可能就不会死了。

法官：你的意思是说，如果警察不阻拦的话，你女儿可能就不会死。

法官的这一释义点出了被告人着重表达的警察阻拦和女儿死亡之间的因果关系这一层意思。[①]

四、影响技术

影响技术是法官用以加强被告人的内省，调整错误认知、行为的一类技术。常用的影响技术包括对质、情绪平复或控制、指导和建议。

（一）对质

即法官有意识地当庭指出被告人的行为、态度、感受和想法之间的矛盾和不一致的地方，加强被告人对犯罪行为的认识，激发其认罪认罚的内在动机。

（二）情绪平复或控制

在法庭审理过程中，经常会遇到被告人情绪激动甚至失控的情况。心理学对情绪平复或控制也有很多很好的处理技术。如情绪的识别技术、情绪评估技术、情绪消解或平复技术，等等。在法庭审理过程中，当被告人面对公诉人的指控情绪激动时，法官要善于识别其情绪，顺应情绪规律，并注意提醒“请被告人注意控制自己的情绪”，或适时提醒控方注意发问的方式，避免双方直接交火。

（三）指导和建议

指导和建议都是对当事人施加影响的方法，指导侧重直截了当地

---

① 参见邹碧华主编：《法庭上的心理学》，法律出版社2011年版，第15页。

告诉当事人该怎么做，而建议则是给当事人提供参考性的信息，帮助当事人思考他的问题，但当事人是否采用则由其本人决定。指导和建议彰显了法庭的教育功能。①

【延伸阅读】

最高人民法院法官是如何驾驭庭审的？②

原审被告人顾某某（科龙电器）等虚报注册资本，违规披露、不披露重要信息，挪用资金再审一案在最高人民法院再审，中国庭审公开网全程直播，审判长控庭张弛有度，受到社会的广泛关注，以下为文字整理，值得学习、借鉴。

一、听从法庭指挥。被告人，没让你坐下，别坐下，起立

请辩护人入庭。请检察员入庭。请审判长、审判员入庭。

（入庭后）报告审判长，开庭前的准备工作已经就绪，可以开庭。

最高人民法院第一巡回法庭现在开庭。

传原审被告人到庭。[审判长]：各原审被告人，本庭没有让你们坐下，请起立。

---

① 参见邹碧华主编：《法庭上的心理学》，法律出版社2011年版，第18~19页。

② 参见《最高人民法院法官是如何驾驭庭审的——以顾某某案为例》，载百家号“专注优质法律文章”；《最高法大法官裴显鼎控庭能力亮点全梳理》，来源于法律公众号“悄悄法律人”，等等。

二、该坐下时会让你坐下，身体不适的可以举手示意

［审判长］：各原审被告人可以坐下。如你们有身体不适的，可以举手向本庭示意。

三、不符合法律规定的回避申请，该当庭驳回果断驳回

［原审被告人］：我在庭前会议上是说保留申请回避的权利。那么现在我希望申请最高人民检察院检察员赵某某、助理检察员杨某某回避。事实和理由是这样的，检察员赵某某、助理检察员杨某某，参与伪造证据，即证据七系最高人民检察院司法鉴定中心出具的《技术性审查意见书》。

［审判长］：那么请你简要再说一下，行使申请回避应该符合《刑事诉讼法》第28条、第29条规定。

［原审被告人］：我首先声明，庭前会议我说过我保留回避申请。我觉得该份证据是一份伪证，申请参与制作这份伪证的两个检察员回避，是符合《刑事诉讼法》第28条的规定的。这个我也相信有些写得很清楚。如果法庭允许我念一遍的话，我当然愿意念一遍。

［审判长］：请宣读。

［原审被告人］：最高人民检察院司法鉴定中心对送审材料进行知识性证据审查，检察员赵某某、杨某某是送审人。申请人认为任何人对意见书中附件一附件二都能用肉眼就能分辨出来，是有问题的。赵某某、杨某某居然视而不见，将如此明显的伪证作为最高检的证据，显然是故意为之，真实意图就是为了阻止申请人案件的纠正，并试图以此证构陷申请人。我在庭前会议上已经用手电筒指出问题。

［审判长］：顾某某，关于这个证据是否伪证，本庭后头要在法庭

调查中进行举证质证。你是不是基于所提交的证据系伪证，所以要求申请回避？

[原审被告人]：我当时做这个实验的时候要请审判员和审判长派人来看。你们没有派人来看。其实无论谁都能看明白。

[审判长]：我已经给你说过，顾某某庭前回应程序问题。是不是伪证要经过本庭今天在审理以后决定。

[审判长]：你申请回避的理由不能成立。顾某某的辩护人对这个有什么意见？

继续庭审（注：《刑事诉讼法解释》第 30 条规定，对当事人及其法定代理人提出的回避申请，人民法院可以口头或者书面作出决定，并将决定告知申请人。当事人及其法定代理人申请回避被驳回的，可以在接到决定时申请复议一次。不属于《刑事诉讼法》第 28 条、第 29 条规定情形的回避申请，由法庭当庭驳回，并不得申请复议。第 31 条：当事人及其法定代理人申请出庭的检察人员回避的，人民法院应当决定休庭，并通知人民检察院。有人认为《刑事诉讼法解释》第 30 条第 2 款的规定，仅仅是对法官回避情形的驳回，而不是对检察机关的回避申请问题。导致实践中有些案件一提出完全无理由的申请检察官回避就休庭。这次庭审，这个争论可以休矣。）

四、法庭辩论阶段又提出申请回避，再次驳回

[原审被告人]：我坚持申请回避，但我尊重法庭的决定。

[审判长]：顾某某，昨天已经说明这个证据是否为伪证由法庭全面审理后再决定，不属于你本人说了算，所以当庭予以驳回回避申请。现在法庭调查都已经结束，即将开始法庭辩论阶段，你又提出回避申

请，你的律师在法律上没有提出支持你的意见，这点值得你深思。我第一次遇到法庭调查结束后在法庭辩论阶段再次提出回避申请，且关键是未提供新的理由，法庭支持检察员的意见，再次当庭驳回你的回避申请。

五、庭前会议中检辩双方达成的共识，再审开庭时可不再宣读二审裁定书

六、引导分组示证质证

［审判长］现在开始法庭调查。法庭调查将按照以下顺序进行：一是按照原判认定的三项罪名，即虚报注册资本罪，违规披露、不披露重要信息罪，挪用资金罪分别进行调查；二是先对原判列举的证据进行分组质证，再对新证据逐一举证、质证。法庭调查重点围绕庭前会议中检辩双方有争议的证据进行。本庭提醒检辩双方注意，发表意见应围绕证据的客观性、合法性、关联性展开，对犯罪事实及法律适用等问题的意见，到法庭辩论阶段再发表。

七、合议庭成员之间可以分工组织示证和质证

［审判长］：好，下面对原审认定的挪用资金事实进行法庭调查。请法警带原审被告人顾某某、张某到庭。

原判认定本罪有二起事实，先由审判员司某某主持进行其中第一起事实的法庭调查。

［审判长］：好，下面对原审认定的第二起挪用资金事实进行法庭调查。由审判员刘某某主持进行。请法警带原审被告人张某退庭候审，带原审被告人姜某某到庭。

八、及时制止不当发言

［审判长］：顾某某你认为这个意见和法庭调查的事实有关吗？法庭需要查明与案件有关的事实。

［原审被告人］：那我不知道哪些事情要说哪些事情不说，我判断不下来。

［审判长］：我郑重提醒你，与本案无关的事实不要再说了。法庭辩论要围绕法庭调查的事实进行，充分行使自己的权利。本庭已经是第二次郑重地提醒你了，发表言论要围绕案件事实。

［原审被告人］：那我认为这些事实就是要查明的。我要陈述自己的观点。

［审判长］：你强调了自己的观点之后还可以让你的律师充分发表辩论意见，我给你足够机会行使辩护权。刚才你自己还说要节省大家的时间，可是现在你个人已经说了七十分钟。

［原审被告人］：你这么说我就不说了，你就是不让我念，让我念我就要一个字一个字地念。

［审判长］：本庭是提醒你正确行使辩护权。

［原审被告人］：那我不念了，我现在结束我的发言，我要申请上厕所。

［审判长］：那你不听你律师发言？

［原审被告人］：不听了（起身上厕所）。

［审判长］：请法警陪顾某某去厕所。

九、引导辩护人发言

［辩护人］：我认为这个表达让我非常不舒服。人不能两次踏入同一条河流，世间万物都在变化，我现在想检方能不能拿出公司的股价

和大盘走势完全一致的证据，我相信没有。我认为这是检察员追求有罪推定。

［审判员］：提醒辩护人，发表实质性的意见。

［辩护人］：我这是在质证的时候没有展开讲的意见。我认为不应该打断我的发言。

［审判员］：对于被告人我们可以体谅他们发言的控制能力。但是作为职业律师，你可以将观点进行归纳。之前两位律师给了你比较好的模板，作为资深律师你们都是了解法庭秩序的。

［辩护人］：我没看到最高人民法院的模板，我只能按照我的理解来讲。既然在法庭调查阶段要求不讲质证意见，应当允许我在辩论阶段讲。我可以庭后补充辩护词。

［审判长］：辩护人你可以提交辩护词。审判员提醒你的是，可以将质证意见融合在你的辩护观点里面讲。你一开始要求法庭不能打断你，但是针对不适当的发言，法庭是有权利打断的。这点你应该是清楚的。

［辩护人］：我刚刚说的意思是不要因为时间问题打断我，如果认为我发言不符合规定，那么可以随时打断。现在我遵从法庭纪律的要求。我刚刚说到第二个问题是程序问题。本案存在诸多程序违法问题。一是证监会立案理由，二是证据的归类方法。公诉人将所有涉及犯罪的证据放在一起，由当事人从这批证据中去挑选认为与自己吻合的证据，如果我们的判断、理解发生偏差，就会导致质证的疏漏。公诉人的这种证据归类办法，不单给辩护人造成困难，更重要的是给合议庭判断证据造成困难。如果合议庭对证据认定有误，会直接影响判罚的

准确性。三是关于22份鉴定报告，根据相关规定，应当指派、聘请有专门知识的人进行鉴定。我们要注意，该规定是讲“应当”而不是“可以”。现在22份鉴定报告被认定无效，而公诉人又没有再行提起鉴定要求，缺乏必需的程序，无法认定本案的罪名成立。四是股民的损失。这个专门性问题应当通过鉴定确认，但至今公诉人没有提出鉴定要求，是否给股民造成损失，没有权威认定。从大趋势看，科龙股票的走势图与大盘的K线图基本一致，股民对顾某某、张某等人的诉讼全部撤诉，我认为没有给股民造成损失。五是关于《刑法》第161条犯罪主体问题。《刑事诉讼法解释》第283条并不适用于本案。撤回起诉就意味着检察机关认为科龙公司无罪。如果检察机关认为科龙公司有罪，但不起诉，检察机关就犯有渎职行为。如果主体缺失，本罪无法认定。六是关于撤回起诉。在检察机关决定撤回起诉之日，本案所有被告都应当立即释放。法院没有按照《刑事诉讼法》的规定变更强制措施，属于程序违法。

[审判长]：辩护人，我现在明白你说的时间长的意思。如果你要在法庭上说上一个月，那是不是法庭就必须让你说上一个月呢？你现在提到的很多问题根本没有发生，你应该把可能适用的法条拿出来讨论。再次提醒时间要珍惜。围绕法庭调查的事实、原审生效的判决、是否有罪进行表达。

[辩护人]：另外，2006年新华社有个报道，上市公司占用上市公司资金233.42亿元，涉及80多个公司，那个时候有关部门出的文件精神……

[审判长]：辩护人，是什么部门出具的具体什么精神？

［辩护人］：我暂时记不清楚了。

［审判长］：辩护人，我提醒你一下，我们给了你机会，但是你没办法说清楚。办案要适用法律而不是精神。

［辩护人］：我觉得我要提请法庭考虑一下2006年前后当时的现实情况。我不说了。

十、法庭辩论中被告人申请证人出庭怎么办？

［原审被告人］：我申请×××作为证人出庭，最后由于最高检几位办案检察官的反对，未能出庭。×××在2005年对本案的观点是立案动机不纯，不符合立案条件，本案证据不全不起诉受理。到现在为止，我知道×××还是维持他原来的看法。我认为检察员的观点是倒退的，2005年检察院就认为不符合立案条件。检察院应当保护产权。我上次就说现在的检察员并不能代表检察院的精神。

［审判长］：顾某某，我提醒你，现在是法庭辩论的第二轮，意思是你听了检察员的第一轮发言后，有针对性地进行答辩，而不是就本庭开庭以来，甚至在庭前会议中就已解决的申请证人出庭作证的问题发表意见。现在又讲某某人持什么观点，今天的庭审我们都是图文直播，本庭提醒你注意你的陈述。

十一、被告人没完没了讲故事怎么办？

［审判长］：顾某某，可以了，不要说故事了，你今天表达过了，时间很紧，不要耽误大家的时间，你就表达你的观点，你刚刚作出很好建议，由律师先陈述。到你个人陈述的时候，陈述的观点都是已经重复了好几遍的。

［原审被告人］：在没有生效协议的情况下，王某某怎么可能先付

款，在 4 月 24 日付款给格林柯尔……

［审判长］：顾某某有没有听明白检方的观点？

［原审被告人］：听明白了。

［审判长］：顾某某，再次提醒你，现在是第二轮辩论，你应当根据检方的观点发表意见。

［原审被告人］：我要我的法庭辩论完整，再表达一下：两个付款通知书，我相信他们开始制作伪证意见书的目的就是为了证明罪名。因为昨天作为有专门知识的人出庭的解释，我仍然认为是伪证。

［审判长］：顾某某，关于这个情况检察员已经明确不构成犯罪，你再重复这个观点是否有意义……

第六讲

庭审的礼仪与语言

——法官的言行举止是影响庭审效果的重要因素

司法实践中，类似的案件同样的裁判结果，有的双方当事人都能做到胜败皆服，而有的则因为司法形象问题，比如开庭不够规范、对当事人态度简单粗暴等，引发当事人不服。当事人对法律适用往往不够了解，很难用客观标准来评判司法公正，而法官的仪表、举止、语言和行动直接构成了当事人对司法的第一印象，也直接影响他们对具体案件公正性的评判。因此，法官的言行举止是影响庭审效果的重要因素。

法官审理案件时的耐心与庄重就是正义的表现。实践中，做一个“耐心的法官”就显得非常重要。

“法律应当由那些有能力、有经验的人执行”，法官是一种知识型、经验型的职业。

•专题一 端正仪表——法官的庭审形象

一、端正仪表承载庭审的公正形象

法官的仪表是否端正，是法官庭审形象的重要内容，也是社会公众对法院形成最直观认识的依据。可以说，高雅、标准、规范的庭审礼仪，是法官的气质与素养、风度与学识、礼貌与仪表、谈吐与举止的深层次外溢和传递，是法官主持庭审中公正、公信的示意与表现，承载和呈示着司法的公正与公信。庭审过程中，法官应当保持一种客观、中立、文明、谦和、耐心的形象或态度，给当事人以充分的尊重和理解。

二、法官端正仪表的具体体现

法官的端正仪表，具体体现在以下几个方面：

1. 衣着规范整洁；
2. 设立法官通道的，应当走法官通道；
3. 应当在当事人、代理人、辩护人、公诉人等入庭后进入法庭；
4. 不与诉讼中的任何一方有亲近的表示；
5. 坐姿端正，不得有穿拖鞋、掏耳朵、抓头发等不雅行为；

6. 集中精力，专注庭审，不做与庭审活动无关的事；

7. 不得使用通信工具、在审判席上吸烟、随意离开审判席等；

8. 礼貌示意当事人及其他诉讼参加人发言；

9. 不得用带有倾向性的语言进行提问，不得与当事人及其他诉讼参加人辩论、争吵；

10. 严格按照规定使用法槌，敲击法槌的轻重应当以旁听区能够听见为宜；

11. 严禁酒后参加庭审。

审判实践中，一段时间以来，一些法官长期以来形成“重实体轻程序”的司法理念，在思想上缺乏重视司法礼仪的意识，认为只要心中有法律就行，外在行为可随意。例如，有的服装打扮不注意形象，服饰搭配不合理，有的开庭耐不住烟瘾，有的法官坐在审判台上前俯后仰，跷着二郎腿，有的开庭时随便进进出出，接电话打手机，有的随意训斥当事人。近年来，随着司法改革的深入和司法规范化建设的推进，法官的司法仪表和行为已经越来越规范了。

专题二 娴熟运用法庭语言和专业术语——法官的语言艺术

庭审语言，是指法官开庭审理案件时所使用的话，即说话的声音、腔调、态势、使用的词汇等。法官扮演的是中立的、客观的、相对超脱的、消极的裁判者角色，但这并不意味着法官不需要较好的语言能力。事实上，“法官的工作在很大程度上就是论辩说服的工作，法官必须具有很高的语言能力。法官要能把话说得抓住要害、丝丝入扣、入情入理，把话说到人们的心坎里，令人口服心服。法律作为一种文明人排纷解难的文明方式，是‘君子动口不动手’，实质上是一种嘴上功夫，一种语言的艺术，优秀的法官应是语言大家、演说大师。”[①] 正如有的学者所言，“法学其实不过是一门法律语言学”（麦考密克语），对于法律职业者而言，“要想在与法律有关的职业中取得成功，你必须尽力培养自己掌握语言的能力”（丹宁语）。因此，语言表达能力是庭审艺术、技巧的一项最基本的内容。

① 邱本：《论古代法官的“身言书判”》，载《人民法院报》2001年9月7日。

一、庭审语言的特性

（一）专业性

庭审语言首先具有专业性，是普通语言在法律专业领域的应用。法官审判案件，要不可避免地使用法律术语，如“回避”“辩论”“陈述”等词语。法官在法庭上使用的这些术语，虽不具有“地域性”“通用性”，但它是法官庭审用语的专业要求，是不能不用的，也是不能用当地语言替代的。

（二）规范性

庭审中的语言具有合法性、规范性的特点。因为法官是代表人民法院审判刑事、民事、行政案件的工作人员，法官在庭审中的语言是代表人民法院讲的，是国家法律的体现，法官的身份要求其庭审语言要合法。

1. 法官在庭审中使用言辞的顺序，必须符合诉讼法规定的程序要求。要注意在哪个诉讼阶段，就使用哪个诉讼阶段的言辞。不能在开庭审理阶段，就使用审理完毕时的言辞；更不能在案件审理阶段，就告诉当事人案件处理的结果。

2. 法官在庭审中使用的言辞内容，必须于法有据。例如，在法庭开庭审理案件时，法官不能说“传律师到庭”或“把证人押上来”之类的话。

3. 法官在庭审中适用的言辞，必须符合语言规范。语言规范是指使用某种语言的人所应共同遵守的语音、词汇、语法、书写等方面的标准和典范。语言规范化根据语言发展的规律，在某一种语言的语音、词汇、语法等方面分歧或混乱的现象中，找出甚至确定大家都应遵循的规范，指出那些不合规范的东西，通过语言研究的著作如语法书、词典、语言学著作等明文规定下来，并通过各种宣传教育的方法，推广那些合乎规范的现象，限制并逐渐淘汰那些不合规范的现象，使人们共同遵守语言规范而进行有效的交际，使语言循着一条统一的正确道路向前发展。语言文字是案件审理中不可缺少的交际工具和信息载体，语言文字在庭审应用的规范化程度是衡量司法文明发展水平的重要标志之一。因此，法官在庭审中的言辞必须符合语言规范。

（三）严肃性

法官是代表人民法院进行审判活动的，他们在庭审中的语言态势直接关系到人民法院的司法威信，关系到法庭庄重与严肃的气氛能否形成，因此，庭审语言具有严肃性的特点。法官在庭审中所用的言辞务必得体，一方面要与人民法官的身份相符，另一方面又要与人民法庭庄严的气氛协调。法官不仅要注意语言本身的严肃性，而且还得注意语言态势的严肃性，其中态势语言包括庭审中的手势、眼神、站姿、坐姿、步态以及肩部、头部等的动作，应力求少而精、审慎、自然。特别在刑事庭审中，应突出法官威严的形象，表情要庄重、肃穆，手势要果断、明确，目光要有力度感。

（四）对话性

庭审参与各方用对话式的语言是庭审语言的突出特点之一。所谓对话式的语言，是指法官的庭审语言呈对话式，与当事人产生互动，一问一答、一答一问地进行，当事人还可以向法官请求提问，而且互相对对方说的话都要听懂，否则，庭审便不能进行。庭审活动自始至终围绕各方的思想交流而进行，法官也为挖掘足够的信息而参与法庭的询问、讯问。由于法庭本身的开放性、语言的即时性、内容理解的语境依赖性等特点，使得庭审过程充满不确定性。“在这一即席性与动态性的法庭话语中，人作为社会过程的主体有不同程度的意图、欲望、利益和目的，会呈现不同的价值判断。法官在整个法庭审判中居于核心地位，是法庭审判中各种关系的轴心”“在整个动态过程中，法官既实现了程序公正的身份建构，又实现了实体公正的身份建构”。[①]

二、庭审的语言艺术

语言的艺术魅力在于完美的语言表达能力。语言能力具体指用词准确，语意明白，结构妥帖，语句简洁，文理贯通，语言平易，合乎规范，能把客观概念表述得清晰、准确、连贯、得体，没有语病，得体、清晰、连贯；概括、简洁、精练；准确、贴切、犀利；生动、含蓄、明快；观点鲜明、是非清晰、褒贬明确。

（一）要注重准确运用普通话开庭

根据《宪法》《国家通用语言文字法》等法律规定，普通话是我国法定的、规范化的通用语言。庭审作为国家机关活动的组成部分，应当准确使用普通话作为庭审语言。当然，中国存在多种语言文字。根据《刑事诉讼法》规定，各民族公民都有用本民族语言文字进行诉讼的权利。人民法院、人民检察院和公安机关对于不通晓当地通用的语

① 参见郭飞：《基于协商系统视角的庭审语篇中法官身份建构》，载《齐齐哈尔大学学报（哲学社会科学版）》2016 年第 2 期。

言文字的诉讼参与人，应当为他们翻译。此外，国家出于统一语言标准、加强地区交流沟通，推广普通话作为官方语言，但并未因此禁止方言。因此，在个案审理中，针对个别不通晓普通话的当事人，必要时可以适当使用方言。

（二）要注重使用法言法语

所谓法言法语，是指执法部门或法律工作者表述的程式化的法律专业用语，其特点是注重含义精确而不考虑生动效果。法言法语，有利于体现庭审语言的专业性、规范性和严肃性。在庭审进行过程中，为了准确表达意思，凡是有法言法语可用的，则一般不能用普通言辞。例如，到法院去起诉，通常人们会说去打官司。但法官在进行审判活动时，只能说“原告向人民法院起诉是正当的”，而不能说“原告向人民法院提出打官司是正当的”。不能说“原告所讲的是胡说八道”，而应当说“原告的诉讼请求没有证据支持”。又如，对刑事案件当事人，在法院宣判有罪之前，不使用“罪犯”，而应使用“犯罪嫌疑人”“被告人”，这一规定体现了无罪推定、罪刑法定的现代法治精神。

（三）要注重针对不同情况调整语调和语速

在日常谈话中语调与语速的把握，很容易给人留下深刻的印象。在庭审中也是如此，法官主持庭审中语调的高低轻重、语速的快慢缓急，是否抑扬顿挫，这些都会影响庭审的节奏和威严。对此，有经验的法官往往会根据庭审中的不同情况来调整语调和语速。比如说，法官在宣读出庭人员名单、告知诉讼权利等过程中，均可以根据内容使用不同的语调和语速来控制庭审的节奏，当宣读到“被告人一审被判处 ×× 刑，本院二审期间，被告人没有委托辩护人，根据法律的规定，本院通知浙江省法律援助中心指派浙江×××律师事务所出庭为其辩护”，对其中“浙江省法律援助中心”“指派”等关键词可提高语调，作重点的强调，同时适当放慢语速或适当地“停顿”，体现法庭的威严以及对人权的司法保障，彰显庭审效果。

（四）要注重运用语言的重复表述和加重语气的表达方法

复述是法官庭审语言艺术和策略的重要方法。在庭审过程中，控辩双方围绕案件事实证据进行讯问、发问，由被告人当庭对案情进行陈述，在此基础上对案件事实证据、法律适用、定罪量刑进行充分质辩，在该过程中，法官应当注重运用重复表述、加重语气等方法确认、提示控辩双方的意见、态度，凸显庭审争议焦点，明确审理的重点和方向。同时，审判长对庭审中的重点问题予以复述，或以加重语气的方法提示这是庭审的重点，也可以方便书记员、速录员记录。其实，庭审中除了法官应当注意这些庭审的语言艺术，律师、检察员等也应当注意语速、语气以及复述策略的运用。实践中，尽管很多法院都有学过速记专业的书记员，但是在法庭上语速过快，不仅会给书记员的工作制造难度，而且还会让法官根本记不住你的意见、观点。一旦书记员跟不上你的语速，而在法庭上又不方便直接提出，容易导致错记、漏记。因此，有经验的律师、检察官在庭审中也都会注意适当的语速和停顿，给书记员充分记录的时间。当遇到人的名字、金额、账号、时间、地址和身份证号码时，还需要适当重复，方便书记员记录。

（五）要重形体语言的表达

语言的功能在于表情达意，传递信息。形体语言，也称非语言交际，是指在一些特定场合，交际者不用口头语言或书面语言，通过表情、手势以及身体其他部分的动作来表达思想感情的一种交际手段。法官在庭审中的形体语言包括庭审中的手势、眼神、站姿、坐姿、步态以及肩部、头部等的动作，应力求少而精、审慎、自然。其中，表情要庄重、肃穆，手势要果断、明确，目光要有力度感，要能够突出法官威严的形象。①

【延伸阅读】

庭审参考用语

1. 请你围绕诉讼请求陈述案件事实和相关理由，正面回答法庭提出的问题。

2. 这些事情刚才你陈述过了，法庭已经认真听取并记录在案，由于时间关系，请不要再作重复。

3. 请根据你的诉讼请求（答辩意见），向法庭提供相关证据材料。

4. 请注意法庭秩序，遵守法庭纪律，让对方把话说完。未经法庭许可，请不要向对方发问。

5. 旁听人员请遵守法庭纪律，保持肃静。

6. 这是法庭审理笔录，请你认真阅看，如有遗漏或者错误，可以申请补正；如无异议，请在笔录上签名、捺印。

7. 你的证言法庭已经记录在案，谢谢你的配合。休庭后将请你阅

---

① 参见杨凯：《裁判的艺术——法官职业的境界与追求》，法律出版社2005年版，第178页。

看庭审笔录中的证言部分，现在请你到庭外休息。

8. 请你保持冷静。法庭已充分注意到你反映的情况，判决是根据事实、依照法律慎重作出的。如果你对本判决不服，可以在法定期限内向上级法院提起上诉。

专题三　如何保持中立形象

随着审判方式改革的深入，法官中立、居中裁判的法治观念越来越被人们所看重，有人把法官形象地比作球场上的裁判，期盼法官要像裁判那样保持绝对的中立，不偏不倚，在诉讼中与双方当事人保持等距离的交往，对案件保持超然和客观的态度。实践中，法官究竟如何才能保持中立的形象呢？从实践的体会来看，笔者认为，至少应当注意以下几点：

一、确保法官在案件中“无个人利益”

司法实践中，法官在庭审中的中立形象首先体现在“公正无私”上。法谚云：“任何人不得作为自己案件的法官”“结果中不应包含纠纷解决者的个人利益”。这些标准实质上都是针对法官的中立性提出的要求。如果法官本人或者他们的近亲属与本案有着某种利害关系，案件的处理结果会直接影响到他们及其近亲属的利益，那么再由他们主持或参与诉讼活动，就可能使案件得不到公正客观的处理，实质上相当于“作为自己案件的法官”，显然违背了程序公正中法官中立的最基本要求。因此，法官树立中立形象的首要前提是对案件的处理结果无涉个人利益。

二、平等保护控辩双方的诉讼权利

法官在庭审中的中立形象主要体现在能够平等保护控辩双方的诉讼权利。亦即，在法庭调查、辩论、调解的各阶段，在组织举证、质证的各环节，都要“公平”地保障双方当事人能够充分地行使自己的诉讼权利，有同等的机会陈述自己的主张和理由。这种“同等性”具体体现在双方举证期限、辩论发言的次数和时间长短等方面。实践中，作为法官应当尽量让各方当事人把应说的话说完、说透，对那些确需制止发言的，应当随即讲明理由，并时刻注意耐心地引导，不得有任何不公正的说教训导和不恰当的言辞。在确需制止的情况下，如何体现“平等性”“中立性”？这就大有学问。笔者曾经遇到过一个集资诈骗类案件，该案共有九名被告人，辩护人十四人，非法集资金额高达55亿元、损失14.7亿元，涉及被害人15000余人，开庭过程中如何根据事先拟订的工作方案合理控制庭审节奏和时间，提高庭审效率则大有讲究。笔者的体会是，在控辩双方发言重复、庭审时间过长、确需制止、不得已需要打断发言的情况下，在提醒双方“已经发表的意见无需重复”“控辩双方的观点均已阐明，本庭业已记录在案，双方庭后还可以书面形式提交辩论意见”等基础上，要做到“对双方都能适时制止”“适当打断”。也就是说，当辩护人长篇大论、重复观点时，可适当提醒辩护人注意围绕争议焦点、重点发表意见甚至打断，当检察员出现类似情况时，也要进行提醒或打断。也就是说，为了体现“公平性”，双方都应适当提醒或打断一下，切忌对辩护人频频打断或制止，而对检察员则“放任”其长篇大论。此外，庭审中是否训斥被告人，以及训斥之后如何补救，也有讲究。一般来说，法官在庭审中不应该训斥被告人，以尽可能体现公正、中立的形象。但有时候，“训斥”也是一种驾驭“庭审”的方式方法之一。就拿前述非法集资类案件来说，被告人一审被判处重刑，在二审庭审过程中，当法警把他带入法庭时，其脸上似乎还有点“嬉皮笑脸”的样子、在庭上没有充分流露悔罪之意，极易激怒庭下旁听的“被害人”，当审判长看到这种情况时，严肃地训斥一下“被告人”，提示其“端正态度”，庭审气氛一下子紧张起来，此时台下被告人亲属的表情可想而知，当庭审进行了较长时间，进入法庭辩论时，这时被告人已经站了很久，审判长又及时提醒“被告人现在可以坐下”，记得当时被告人亲属的脸上也洋溢出一丝“暖意”，这样“一训一坐”，彰显了法庭的“中立性”和“公正性”。事后得知，被告人似乎并非有意“嬉皮笑脸”，而是可能长得就有点“嬉皮笑脸”的样子，好在没有“训”得太过。可见，庭上训不训、是否让被告人坐下、何时坐下，都是法官驾驭庭审中可调动的各种资源或力量，就像大合唱中的“指挥”。

三、与控辩双方保持等距离交往

在法庭上，法官要注意自己的表情和言行，做到与当事人保持同等的司法距离，成为名副其实的“中间人”。有时法官对当事人的一个眼神、一种表情，甚至言语声调的高低刚柔的细微差别，都可能使当事人在心理上感到不够严守中立。比如，在宣判前，法官不得通过言语、表情或者行为流露自己对裁判结果的观点或者态度；在调解案件过程中要注意谨言慎行，避免当事人和其他诉讼参与人对司法活动的公正性产生合理的怀疑。当遇到一些突发情况时，法官有时还须随机应变、灵活处置、妥善应对。比如，当庭审结束时，公诉人一方可能会上来与法官握手道别，此时作为中立一方的法官既不能不握，也不能被动一握了之。此时，法官化被动为主动的最佳做法是，除了跟公诉人握手外，可转身主动与辩护人一方也握一下，体现公平对待。总之，“法官审判案件时必须是公正的，而且应当表现出是公正的”。

·专题四　法官在法庭上的负面表现

根据学者对庭审语言的研究总结，法官在法庭上的负面表现主要有“喋喋不休”“不耐烦”等几种类型。[1]

一、“喋喋不休”的法官

一个喋喋不休的法官实在是一件不和谐的乐器。其特点在于：说了很多不该说的话。这些法官的问题是对说什么把握不精确。我们经常见到的喋喋不休的法官是那些对当事人的陈述，不断以自己的语言进行复述和重复，以追求当事人陈述的原意。实际上这些法官经常代替一方当事人的陈述；有时是出于好意而频频对陷入困境的一方律师“出手相救”。“喋喋不休的法官”说的是法官在审理案件时应尽量少说或不说，尽量地听讼。

二、“不耐烦”的法官

所谓不耐烦是指厌烦、不能忍耐等，出自明朝冯梦龙的《喻世明

① 参见谢平：《浅谈法官在庭审中的语言》，载广州审判网 http：//www.gzcourt.org.cn，访问时间：2019 年 7 月 14 日。

言》第一卷。所谓“不耐烦”的法官，其特点是：烦躁易怒、随意打断当事人陈述，态度粗鲁，甚至与当事人发生争论。这些法官的问题主要出在怎么说，出在使用语言的方式上。法谚有云：“正义不生气”，但不耐烦的法官在法庭审理中并不少见，特别是有些年轻的法官，他们有很强的精英意识，认为法官应当严格就本案有关的事实予以审理，任何多余的表述都是对司法资源的浪费。对于某一个观点只要当事人陈述到了，对于除此之外的其他意见的赘述会使得法官没有耐性予以听取。他们会打断当事人对于无关事实的陈述，使得陈述的人感到十分“难受”。实践中，做一个“耐心的法官”就显得非常重要。

三、“急于查清事实”的法官

所谓“急于查清事实”的法官，指的是那些在双方辩论还没有充分展开之前就急于查清事实而提前介入双方之间辩论的法官。刑事审判、民事审判、行政审判等诉讼活动均应以发现案件事实的真相和准确认定案件事实为目标。庭审的主要功能就在于查清案件事实和证据，明辨是非曲直。同时，法官通过庭审展现的事实信息，形成内心确信，建构案件事实。但是案件事实的查明必须建立在控辩双方充分的举证、质辩基础之上，“急于查清事实”的这些法官对说话的时间发生了错误认识。这样的法官也极易给一方当事人造成法官在帮助对方的印象，也影响了法官的公正形象。

四、“缺少知识”的法官

所谓“缺少知识”的法官，其特点在于：不知道该在法庭上说什么。法官的语言不能有错误，所以法官要慎言，可是开庭时法官也不能一直翻卷宗，似乎不知道自己该问什么。能言善辩绝非法官的职业目标，但有时为了查清事实而不得不说话。一个缺乏法律素养和渊博知识的法官，在庭审中该说什么、怎么说都是问题。法官应当具备判决所必需的知识基础和丰富的社会阅历，构建相应的“常识库”，法官审理事实所必需的知识至少包括关于法律的知识、关于物质世界的知识、关于语言的知识以及关于人类行为的知识等四个方面。因此，“法律应当由那些有能力、有经验的人执行”，法官是一种知识型、经验型的职业。

五、“缺乏智慧”的法官

“智慧”是法官最重要的品质，而缺乏智慧的法官的特点是：说了不该说的话、该说的话没有说。比如，在民事庭审中，法官问一方当事人：“你将违约情况讲一下。”在知识产权案件审理中法官问被告方：“你们生产、销售盗版CD有多长时间?”案件还没有审理完毕，怎么确认是违约？还没查清原告举证证明生产、销售行为是否成立怎么认定被告有销售行为？还没查实是不是盗版怎么轻易断定？这就是法官主观臆断、未审先定，话一开始就让当事人反感，甚至形成对立情绪。

六、“与当事人或律师发生辩论”的法官

所谓“与当事人或律师发生辩论的法官”，是指实践中双方当事人之间并没有激烈地展开辩论，而一方当事人或代理律师跟审理案件的法官发生辩论、争吵，最后以法官敲击法槌阻止这一方当事人或代理律师发言而告终等情形。法官有责任将辩论的规范和辩论要点揭示出来，在庭审辩论阶段，法官的主要任务是保证辩论规范得以实施，引导和控制当事人、律师围绕争议焦点和辩论要点进行辩论，对辩论的展开起组织、引导作用，而不是由自己直接与一方当事人、辩护人、代理律师发生辩论，或与当事人、律师打嘴仗。法官与当事人、律师发生争吵、辩论的原因固然是非常复杂的，既有来自当事人、律师的原因，也有来自法官庭审驾驭能力不强、自身素质不高、理念偏差等原因。如有的法官好给当事人、律师上课，甚至把法律书籍拿到审判台上，把有关的法律条文念给当事人、律师听，或急于结案，企图说服当事人同意自己的调解意见，强行进行调解，或缺乏司法民主意识，动辄板起脸孔教训人，显示一下所谓的权威，这些都是需要注意的。法官与当事人、律师发生辩论的最大弊端就是暴露了某种倾向性，破坏了法官作为居中裁判者和庭审组织者的中立形象，从而影响了人民群众的司法公正感。事实上，法官与当事人、律师辩论既与司法要求不符，也完全没有必要。近年来，随着司法公开程度的提高，法官、当事人、律师素质的提高，庭审操作规程的日趋规范，法官与当事人、律师发生辩论的现象已越来越少。

【延伸阅读】

审判实践中的证据感知与庭审信息的有效输入[1]

审判实践中案件事实的形成过程实质上是一个“建构”的过程。以建构论为出发点，案件事实是一种回溯过去的认识，是一种个体的能动建构。[2]而法官对证据材料的认知活动，尤其是庭审信息的有效输入，是法官建构案件事实并进一步作出裁判的前提和基础。本文从法官对证据材料的感知和注意角度探求法官的事实认知活动，以期对法官提高庭审等事实信息输入的准确性和有效性、高质量地完成审判实践有所裨益。

一、感知和注意

（一）法官的感知

所谓感知，就是感觉、知觉这两种心理现象的简称。心理学研究表明，心理现象虽然看不见、摸不着，但是人在一切活动——劳动、学习和游戏中时刻都有心理现象，因而它们还是为每个处于清醒状态的人所熟悉。比如，听到树叶的沙沙声；看到光亮、颜色；尝到滋味；闻到气味；摸到物体；知道软硬、冷热等，这些都是感觉现象。感觉

① 整理自陈增宝:《审判实践中的证据感知——以法律心理学为视角的考察》，载于世忠主编:《浙江法治评论》2012 年第 2 卷。

② 参见李安:《案件事实的发现与建构》，载《杭州师范大学学报》2007 年第 2 期。

是指人脑对直接作用于感觉器官的客观事物的个别属性的反映，[①]具体包括视觉、听觉、嗅觉、味觉、皮肤觉、运动觉、平衡觉和内脏觉等多种现象。感觉是认识的入口和开端，没有感觉便不会有比较高级和复杂的知觉、想象和思维等心理活动，而且在后来的心理活动中仍然需要感觉给予充实和修正。在感觉的基础上，人们将感觉的结果进一步辨认出这是刮风、阳光，那是花朵、果实，等等，这些就属于知觉。知觉是指客观事物直接作用于人的感觉器官，人脑对客观事物整体的反映。[②]知觉以感觉为基础，但不是感觉的简单相加，而是对大量感觉信息进行综合加工后形成的有机整体。人的知觉之所以能对客观事物作整体反映，主要有两方面原因：一是客观事物本身就是由许多个别属性组成的有机整体，二是我们的大脑皮层联合区具有对来自不同感觉通道的信息进行综合加工分析的机能。

感知是人类获取外界信息的最初渠道，也是案件事实认知与建构的基础。在案件事实建构的诉讼活动中，参与诉讼的所有的人，包括被害人、目击证人、律师、侦查人员、检察官、法官都存在对案件事实或证据材料的感知，各种主体以自己对案件事实的感知为基础提供、了解、思考、分析、建构、认定案件事实。这种感知觉就是实际发生的原初事实及其遗留下来的痕迹（证据信息）作为客观事实直接作用于人的感觉器官，在人脑中所产生的对案件事实的反应。法官在审理

① 参见人民教育出版社师范教材中心组编：《心理学》，人民教育出版社1999年版，第58页。

② 参见人民教育出版社师范教材中心组编：《心理学》，人民教育出版社1999年版，第59页。

案件时，首先是在感知案卷材料、通过庭审活动听取（听觉）当事人双方的陈述、辩论这一前提下展开工作，通过感知获取案件审判所必需的事实信息。

（二）法官的注意

“注意”本身并不是一种独立的心理过程，而是感觉、知觉、记忆、思维等心理过程的一种共同特性。所谓注意，是指心理活动对一定对象的指向与集中。正是因为注意指向了某一对象，才会有相应的对某一对象的感知等活动。指向性和集中性是注意的两个主要特点。我们都知道，人在同一时间内不能感知一切对象，而只能感知其中少数对象。例如，在满天星星的夜晚，我们只能同时看清楚几颗星星，而不能看清楚所有的星星；在思考问题时，我们也只能同时想到少数几个问题，而不能想到所有的问题，在法官审判案件时也是如此。正是由于心理活动对一定对象的指向和集中，这些少数对象才被清晰地认识出来；而同时作用的其他对象，就没有意识或意识得比较模糊。在办案过程中，法官与侦查、起诉的办案人员注意到的案件情节可能会不太一样。有的情节是检察官注意的中心，却处于法官的“注意的边缘”，或“注意的范围”之外；有的情节没有引起侦查人员、检察官的注意，却进入了法官的视线范围。这些都是由于注意造成的司法现象。

注意是法官心理活动的一种积极状态，是使法官心理活动在一定对象上的集中与聚焦。从注意的指向性和集中性，可以看出，注意对我们人类尤其是法官审理案件来说具有一系列的积极功能：

首先，注意具有选择功能。即能够帮助人类选择有意义的、符合需要的、与当前任务活动一致的各种影响，避开或抑制其他非本质的、附加的与之相竞争的各种影响。注意能够把有关信息线索区分出来，跟踪一个信息线索。如果没有这种选择性的功能，我们的生活将会变得一片混乱。对于法官而言，案件的审理也就无从谈起。在法官阅卷、庭审等审理活动中，这种选择性显然是非常有意义的。它可以促进法官的目光集中指向案件中具有法律评价意义的事实要素或与构成要件相关的具体情节，可以帮助法官将注意力集中到当下需要解决的个案上来。以诈骗犯罪案件的审判为例，从诈骗犯罪构成要件来看，诈骗犯罪是一般行为主体主观上以非法占有为目的、客观上实施虚构事实或隐瞒真相的手段骗取他人财物的行为，有经验的主审法官在阅卷、庭审审查过程中，将有选择地对构成要件所必备的“非法占有目的”“虚构事实、隐瞒真相”的作案手段、赃款的去向等主要事实要素引起注意，对有关情节进行重点审查与判断，这对于快速、有效地确定行为人是否构成诈骗犯罪具有重要意义。由此可见，注意的选择性可以促进审理效率的提高和矛盾纠纷的有效解决。

其次，注意具有保持功能。即将注意对象的印象或内容有意识地进行保持，一直保持到达到目的为止。在法官阅卷、庭审过程中，法官对已经注意到的案件情节或内容在大脑中得以保持，显然有助于法官前后连贯地吃透案情，思考分析案件存在的问题以及拟出解决的措施，直至案件的圆满审结这一审判目的达到为止。

最后，注意具有调节功能。注意的功能不仅表现在稳定而持续的活动中，而且也表现在活动的变化中。当人们要从一种活动转到另一种活动时，注意体现了重要的调剂作用。人只有在注意转变的状态下，才能实现活动的转变，也才能适应瞬息万变的环境。注意的最重要的功能是对活动进行调节与监督。联系到法官审理案件，法官对某一情节本来比较注意，但随着阅卷、庭审工作的进一步展开，一个新的更为重要的情节引起了法官的注意，该新的注意使其获取不同信息，并在新的信息基础上调整了案件审理的思路，放弃了原来注意到的情节。有些法官审理活动中认定事实的错误，不是由于不懂规则而产生，而是与其心理监控机能形成得不完善有关。这种心理监控是人类更高级的认知能力，一旦形成，可以相当迅速地加以综合、概括与迁移。

诉讼活动中，正是因为被害人、证人、司法工作人员等各类认识主体对某一客观事实或具体案件情节具有不同的感知与注意，导致案件事实不同版本的出现。而一个纠纷的解决和案件的公正审判最终是以法官建构的案件事实作为定案根据，法官无疑是事实认知中最为关键、最具决定性的主体，因此研究法官的感知与注意具有更为重要的法律意义。法官的注意保证法官能够及时地集中自己的心理活动，正确地反映案情。良好的注意品质有助于提高法官建构事实活动的效果，使建构的事实最大限度地接近客观真实。

二、影响法官感知和注意的心理因素

研究法官的感知和注意规律，揭示影响法官阅卷、庭审感知和注意的相关心理因素，可以为法官的选拔、任用、培训、成长等方面提供理论支持，最终促进案件事实的建构结果最大限度地接近原初事实，提高案件的审判质量。根据心理学研究，影响法官感知与注意的心理因素有以下几方面：

（一）已有图式的影响

图式是一种认知结构，[①]我国有的学者将此译作“基模”。当代认知心理学认为，对客体和事件的知觉不是外界刺激的简单复制品，其中有些因素被注意到，有些因素被忽略。对客体和事件的记忆也不是原始知觉的简单复制品，而是原始知觉的简化的、有组织的重建。这种记忆结构称为图式。在记忆中搜索与输入感觉信息最符合的图式的过程称为图式加工。图式和图式加工使人可以更有效地组织和处理大量信息。人们不必感知和记住每一新客体和新事件的全部细节，只需编码和记住其突出特点，查明它像先前记忆中的哪一个图式。图式加工通常是快速、自动地进行的，甚至使人觉察不到有什么信息加工在进行。人们在日常生活中形成许多有关人和事件的图式。不同的人由于已有图式的不同，从外界知觉到的信息也就有差异。已有研究指出，职业与教育对某种固定图式的形成具有重要影响。例如，一个警察与他的太太一起在逛商场，进入警察视野的是一个正与他擦肩而过、行色匆匆的行人，而此时进入他太太视野的却是一件式样新颖的衣服。这正是因为警察具有“大街上行色匆匆的人可能是小偷”的图式，而一般人却没有这种图式之故。

法学研究中，已经受到图式理论的影响。事实上法律心理学以往已经使用了一些类似图式的概念，如构成要件、类型、价值等。法官在认知案件事实过程中，已有的图式对案件事实的建构具有重要作用。

① 图式的提法最早见于哲学家康德的著作，现代心理学家的研究中则是Bartlett最早明确使用这一概念。参见刘志雅主编：《思维心理学》，暨南大学出版社2005年版，第16页。

例如，对于一个刑事法官而言，他在审理指控合同诈骗犯罪案件时，其就有合同诈骗和合同民事纠纷这两个图式在起作用。近年来，我国刑法学界就如何区分合同诈骗犯罪与合同经济纠纷尤其是与合同民事欺诈纠纷的界限，进行了广泛的讨论，其实质就是关于图式的争论。尽管表述各有不同，但无不将行为人主观上是否具有非法占有他人财物的目的作为区分合同诈骗犯罪和合同民事纠纷的界限，把行为人主观上“非法占有目的的有无”之判定作为定性的关键。而且认为，非法占有目的作为人的主观心理态度，具有抽象性、主观性和可变性特点，但在行为的客观表现上具有一致性。根据合同诈骗犯罪的图式特点，一般认为，能够说明行为人具有非法占有目的的外化行为要素有合同主体资格不真实、行为人无履约能力、采取诈骗的行为手段、无履行合同的实际行动、主观上不想履行合同、履约态度不积极、对财物进行非法处置、事后态度不积极等。[①]

（二）知识、经验的影响

图式的形成是由知识和经验所决定的。法官的知识面、法律知识的掌握程度，以及办案经验等都会对法官的图式形成产生影响。例如，前面关于合同诈骗行为人主观目的的外化行为表现的总结，就是一种知识。对于一个经常审理诈骗案件的有审判经验的刑事法官而言，其对采用虚构事实、隐瞒真相的手段取得他人财物的行为是否构成诈骗

① 有关诈骗犯罪主观目的司法认定的详细论述，可参见陈增宝：《诈骗犯罪主观目的的外化行为要素探究》，载最高人民检察院编：《法律应用与检察业务研究》2005 年第 3 辑；陈增宝：《诈骗犯罪非法占有目的的认定方法探究》，载《人民检察》2004 年第 6 期。

犯罪中的行为表现，就会比较容易引起注意，作出准确的判定，而业务知识相对较差的一般法官则会存在困难。

法官审理案件应当具有或构建相应的“知识库”。所谓经验，是指日常生活经验，是对日常知识的积累。此外，关于日常生活经验在事实认定中的作用，已为法学界所重视，又称为“经验法则”。“司法审判上的经验法则是社会日常经验法则的一个必要而特殊的组成部分，其特殊性表现在法官常常根据自身的学识、亲身生活体验或被公众所普遍认知与接受的那些公理经验作为法律逻辑的一种推理定式。”[①] 从心理学角度讲，在经验的作用下，人的知觉才具有理解性和恒常性。由于人能够不受观察条件、距离等因素的影响，而始终根据经验按事实的本来面貌来反映事物，从而可以有效地适应环境，经验越丰富，越有助于感知对象的恒常性。

（三）其他因素的影响

除了上述一些因素外，事实的建构还受到下述因素的影响。因为知觉并不是简单地由感觉器官接受外界信息，而是包括从环境中对信息的取样及其分析信息，如何取样就受到预期或先前观念的影响。预期或先前观念对知觉的理解起到重要作用。例如，一个从没见过手枪的土著人，当土匪用枪对着他时，他毫无畏惧的表现，因为他无法对枪进行知觉并理解。儿童由于比成人缺乏更多的先前观念，所以对同一现象的知觉在理解上就会产生很大差异，许多儿童可能将自己被性骚扰的事件看成是他人与自己做游戏，而成人却可将之知觉成性骚扰。

① 毕玉谦：《举证责任分配体系之构建》，载《法学研究》1999 年第 2 期。

情绪等因素也会影响人们对事实的感知。人们对自己所知道的东西或做过的事，不能漠不关心，所以在感知或想象事物的时候，总抱有特别的态度：满意或不满意，愉快或不愉快，积极或消极，这些就是情感（情绪）。情感伴随着感觉而发生，没有感觉便没有情感。聋者不觉嘈杂声音之可厌，盲者不知秀丽颜色之可喜。在心理学上，把和感觉直接联系的情感称为情调（feeling tone），触景生情，生的都是情调。情感和知觉有密切的联系。一种感觉可以产生多种情感。同样，同样的情感可从不同的感觉获得。情感不仅依存于感觉事物的个别特性，而且依存于事物整体所代表的意义。动机与情绪作为法官的意向性心理活动，决定着法官知觉的方向，使得法官的知觉可能出现偏向性甚或沿着错误的方向进行；如果法官处于恐惧的情绪之中，包括知觉在内的认识活动水平就会下降，这时对犯罪过程的细微情节就无法准确知觉。在实际的犯罪现场，证人往往伴随着激动、恐惧、担忧等多种复杂的情绪，有些证人还因害怕被报复而产生不愿作证的动机，这些因素对知觉都会产生影响。

三、感知和注意的对象：法官面前的证据材料

根据心理学知识，人对不同的对象有不同的感知和注意，因此，按对象的不同，对不同对象的感知和注意分开论述，有利于揭示法官在审理活动中对不同对象的感知和注意的心理规律。

（一）法官对案卷的感知

案件卷宗即案卷，是指侦查机关、检察机关、审判机关在办案活动中将有关当下案件所有信息以书面文本的形式装订成册的书面材料。这些信息包括法律文书、证据的原件或复印件、照片、有关办案活动

的记录等案件材料。案卷是各种证据材料的载体及相关法律文书的载体。其中，证据材料既包括公安机关、检察机关、法院等收集的证据，又包括当事人各方及其代理律师、辩护人收集提供的材料。法律文书是各个诉讼阶段的文书的汇总。案卷材料作为证据的载体，是法官获取案件信息的主要来源。阅卷审查是法官了解熟悉案情的主要手段。因此，法官对案卷的感知对于案件事实的形成与建构十分重要。笔者认为，法官对案卷的感知具有以下几个特点：

1. 案卷材料的多少影响法官感知的范围。在实际案件的处理过程中，有的案件案卷材料多达几百宗，摞起来有几十米高，有的案件只有三四宗。显然，案卷的多少直接影响法官感知的信息量。案卷材料少的，法官容易较快阅完案卷，尽快熟悉了解案情，但感知到的信息内容较少。案卷多的，则需要花费更多的时间和精力，但感知到信息量大，内容丰富。

2. 案卷材料的装订排列影响法官感知的效率。一般来说，案卷材料的排列顺序是按照诉讼法规定程序，兼顾相关材料的有机联系进行排列。这种排列顺序比较符合法律专业人员特别是训练有素的法官的思维规律，因此，法官对符合装订规范要求的案卷比较容易尽快获取案件信息，熟悉案情，阅卷效率就高。相反，有的案卷装订不规范，排列顺序混乱，缺乏逻辑性，阅卷难度就很大。当然，司法实践中，案卷排列顺序的标准并非单一，有的可以按性质排列，有的可以按犯罪事实排列，有的按取证时间先后排列。比如，一般凶杀案件，不少司法机关按程序卷、被告人供述、证人证言、现场勘查笔录、鉴定材料等标准归类装订，对有的经济犯罪案件将书证集中装订，有的将每笔犯罪事实的相应证据归类装订，这些均比较便于法官对证据的感知。

3. 案卷材料的建构性影响法官感知的真实性。在实际案件中，几乎所有的案卷材料均经过了当事人、证人、技术鉴定人、侦查员等各类人员的信息加工。也就是说，这些案件材料本身就是人们建构的结果，具有建构性。法官对他人建构的结果再进行感知，其实属于二手感知，即对他人感知结果的感知。因此，容易偏离客观真相。尤其是，有些法律文书对犯罪事实的认定，极易给法官带来先入为主的后果和偏见。

（二）对现场的感知

根据侦查、起诉、审判的分工，收集证据包括对犯罪现场的勘查是由侦查人员完成的。一般情况下，法官不直接勘查犯罪现场。所谓法官对犯罪现场的感知主要以案卷中侦查人员已经制作成的现场勘查笔录和有关照片为依据，对现场勘查记录和照片进行感知。审判阶段，必要时法官也可以自己再到犯罪现场进行勘查，对侦查机关制作的勘查记录进行核实、补充。我们将法官亲自到作案现场进行复核的情况称之为“直接感知”，而通过案卷材料、照片等对现场进行感知的情况可称为“二手感知”。“直接感知”与“二手感知”有一定的区别，最主要的是感知和注意的直接对象是不同的，直接感知是对活生生的犯罪现场情况的观察和注意，而“二手感知”则是对现场勘查记录这些文字材料的阅读以及对有关照片的观看，是对侦查人员感知结果的再感知，受侦查人员感知结果的影响。为了迅速、准确地获得犯罪线索和证据，现场感知应当根据具体案件的实际情况有序进行。根据已有的研究结论，侦查中对现场感知顺序主要有三种方式：一是由中心向外围进行；二是由外围向中心进行；三是分片分段进行。对于现场的感知除了不能遗漏之外，还需要注意区别犯罪痕迹与其他痕迹。[①]

（三）对庭审的感知

庭审是一项重要的审判活动。法官对庭审的感知包括以下三个方面的内容：

一是对场所的感知。法庭是法官依法审案的场所，法官通过庭审活动查明事实证据，分清是非责任，正确适用法律，形成裁判。法庭也是被告人、当事人、公诉人、证人、辩护律师等诉讼参与人依法参加诉讼行使诉讼权利、履行诉讼义务的重要场所。因此，法庭本身的构造、布置以及法官、检察官、律师、被告人各方所处的位置，均成为法官感知的对象。

二是对人的感知。包括对被告人、当事人、公诉人、证人、辩护律师等诉讼参与人的感知，也就是平常所说的“印象”。特别是被告人的形象、当事人的服饰、衣着打扮等均成为法官感知的内容，可能影响法官的决策和裁判。

三是对言行的感知。庭审活动由法庭调查、法庭辩论、被告人、当事人陈述等环节构成，无论是法庭调查还是辩论，最终均体现在相关诉讼参与人的语言陈述、行为举止上。其中语言陈述主要体现为法庭问话与回答，问答成为法官感知的主要对象。问答在法庭审判中具有重要的作用，“整个法庭审判的过程，基本上是由问答构成的，可以

① 参见李安、房绪兴：《侦查心理学——侦查心理的理论与实践》，中国法制出版社 2005 年版，第 70~72 页。

说是一个问答的过程。”[①] 在问答过程中，法官还可以感知到相关人员的神态表情，所谓察言观色。法官对这些内容的感知，无疑都成为法官获取案件信息、进行裁判决策的基础。

法官对庭审的感知具有以下几个特点：

一是直接性。法官亲临庭审活动，直接与当事人、被告人、公诉人打交道，听取控辩双方的意见，直接感知其言行，获取的信息往往比传来的间接证据信息更可靠、更接近真实，无疑会对案件的决策产生重要的影响。

二是动态性。庭审活动是一个由时间、空间构成的组织活动，具有动态立体性，主要由各方的言行构成，往往具有多变、难以驾驭的特点，这与已经固定在案的证据有明显区别。

三是互动性。庭上各方的态度观点并非一成不变的，而往往随着庭审活动的推进，相互之间在同一个组织系统内形成沟通与互动，有时趋向激烈，有时趋向缓和，而法官在感知这些庭审活动的过程中，一方面驾驭庭审活动，维持庭审程序的进展，另一方面随着感知信息内容的变化而出现态度上的变化，进而影响案件的决策。

（四）对证言的感知

司法实践中通常让与案件无关的人通过对实物的观察和人们的叙述查证、认定案件事实，由于其无须采用专门技术设备发现和收集等特征，证人作证成为公安司法机关收集和鉴别其他证据、据以查清案件事实、实现刑事诉讼任务的重要手段。证人证言因其独有的证据优

---

① 廖美珍：《法庭问答及其互动研究》，法律出版社2003年版，第4页。

势而成为运用最为广泛的证据之一。法官对证言的感知，在实践中有两种类型：一是法官对书面证言的感知。此种情形可以为对案卷的感知所包容。二是对证人当庭或当面陈述的感知。虽然这仍然是证人基于对过去案情的重建所作的陈述，但法官直接听取其作证，具有亲历性的特点。证人证言实质是证人心理活动的结果，证人作为一种特定的社会角色，其心理活动必然有自身的规律。探究法官感知证人证言的心理规律，首先必须了解证言形成的心理机制。法官对证人证言的感知，其感知的对象为证人的表达。证人证言的表达，分为两个阶段，一是记忆的提取，二是陈述阶段。其中，对记忆提取的感知，主要是感知其对记忆的提取是否相对客观。法官对证人陈述的感知主要为对言语活动的感知。由于无论证言的获得还是证言的表达都会受到许多因素的影响，使得证言并非绝对可靠，因此，法官在感知证言时应运用证言形成的心理分析方法，需重点审查证人是否具备正常知觉的条件、知觉的影响因素的具体状况、证人保持时的影响因素、证言提取时的影响因素、证人表达的准确性及表达时的情绪状况等因素。

第七讲
庭审能力的培养
——“台上一分钟，台下十年功”

庭审能力作为法官的专业能力，并非与生俱来，亦非一朝一夕练就。所谓“台上一分钟，台下十年功”讲的就是法官在庭上开庭审案的时间虽短，但它却是建立在长期实践训练的基础之上，最能集中、综合反映出法官在庭下多年来积累养成、掌握的各种知识、能力。其间体现的综合素养不仅仅是审理案件的一种职业技能，更是法官个人长期积累的政治素养、职业修养、文化修炼的结晶。因此，我们对庭审驾驭问题的研究最终要落脚于庭审能力的训练和养成上。故本讲拟对庭审能力的培养作些探讨。

在庄严的法庭和黑色的法袍的背后，每一位法官其实都有着生动的脸孔。

法律是有原则的，法律最终的结果也是无情的，但司法是可以温暖的。

•专题一　提高对庭审重要性的认识

庭审能力的培养和提高建立在对庭审重要性的认识基础之上。也就是说，提高对庭审重要性的认知程度，强化庭审的能力意识，有利于庭审能力的养成。

一、要从思想上重视起来

无论做任何事情，只有思想重视了，准备才能更充分，行动才更有实效。从实践来看，庭审对于整个案件的处理和司法公正的有效实现意义十分重大，通常情况下，庄严的法庭上，法官的一言一行甚至一个眼神都会给当事人、旁听群众留下深刻的印象，是人民群众直接感知司法公正、感受司法形象的重要途径。一般而言，法官的庭审能力越强，司法的公信度也会随之提高。因此，我们要非常重视庭审功能、作用的有效发挥。

二、要树立以庭审为中心的理念

所谓“以审判为中心”，其首要含义是以审判程序为中心，意味着法院、公安、检察、辩护律师要形成整体合力，共同为案件的解决提供法律答案。其核心含义是以庭审为中心，意味着要贯彻中立裁判和直接言词原则，充分体现控辩平等，实现“事实证据调查在法庭，定罪量刑辩论在法庭，判决结果形成于法庭”，努力让庭审成为诉讼参与人参与诉讼活动、行使诉讼权利的主要场所；我们做到诉讼资源向庭审集中，办案时间向庭审倾斜，定案标准向法庭看齐，让司法公正看得见、摸得着、可预测。对于法官来说，思想上对案件审理中的庭审环节究竟应该重视到什么程度？其实，就是如何树立以庭审为中心的问题。从以庭审为中心的高度，做好庭前阅卷、庭审提纲和庭审预案的制作，不打无准备之仗。

三、要强化对庭审能力的理性认知

从庭审能力的养成角度来说，法官对庭审重要性的认识，也意味着对庭审的能力构成等内容要有理性的认知，心中有数，并不断实践之。

• 专题二　强化对庭审能力的理性认知——庭审能力的概念及其构成

根据法律心理学研究，能力是指一个人成功完成某种活动必须具备的个性心理特征。所谓庭审能力是指法官驾驭庭审的一种能力，是法官在法庭上根据自身掌握的法律知识来熟练运用程序规则，主持整个庭审过程，指挥、控制诉讼参与人依法行使权利和履行诉讼义务，以查明案件事实、分清是非、准确作出裁判的能力。对法官而言，庭审能力越高，则意味着他掌握和运用法律知识、驾驭庭审的过程就越顺利。

法官的庭审能力可分为一般能力和特殊能力。一般能力是指法官在庭审活动中必须具备的基本能力，它保证法官较容易和有效地认识世界，所以也叫认识能力，例如法官的观察能力、记忆能力、语言能力、思维能力、想象能力等。特殊能力是指法官顺利地从事审判活动、驾驭庭审所必需具备的司法专业能力。这是履行法官职责所必备的司法能力的组成部分，是法官完成审判工作任务所不可或缺的司法能力。近年来，已有较多著作对法官的能力进行了研究和阐述，有的高级法院专门编著有关法官能力和素质培养方面的书籍，供法官阅读学习使用，以推进法官职业化建设，提高法官的司法能力。[1]

根据已有的研究总结，笔者认为，对法官的庭审能力构成可从认知、操作、表达三方面考察。

一、庭审认知能力

在裁判活动中，司法的认知活动贯穿案件事实的建构、裁判规范的发现及事实与规范的匹配三大过程，法官认知内容除了对案件事实的认知，还包括对法律规范的认知。其中，无论是对案件事实的认知还是对法律规范的认知都离不开法官对庭审中控辩双方围绕案件事实、法律等问题开展的举证、质证、辩论等具体活动的认知，包括对庭审中的人、事、物的认知。一个法官是否具有良好的认知能力可从他是否具有较强的感受性与良好的注意品质、是否具有较强的观察能力、是否具有良好的记忆和思维能力、是否具有良好的语言表达能力等方面来判断。

二、实际操作能力

法官的实际操作能力，即审判技能。法官的职业素养融入实际的

① 关于法官能力的阐述，参见马军：《法官的思维与技能》，法律出版社2007年版，第11页；张启楣主编：《法官岗位培训读本》，人民法院出版社2005年版，第201~223页；乔宪志、金长荣主编：《法官素养与能力培训读本》，法律出版社2003年版，第9页。

审判操作技能之中，集中体现在确定案件性质的能力、案件事实的建构能力、法律适用能力、庭审驾驭能力、司法调解能力、裁判文书的制作能力上。而庭审是法院整个审判过程中最重要的一个阶段，也是法官审理案件最基本、最重要的形式。具备较高的庭审驾驭能力，是一个法官应有的基本功。庭审驾驭能力是法官政治素质、业务素质和心理素质等综合素质在庭上的集中反映。具体要求法官做到：（1）庭前有准备，善于理清审理思路；（2）善于指挥和控制庭审，包括耐心听讼、指挥得当、重点突出；（3）善于决断。[①]有的还将庭前准备分为四种能力：（1）阅卷归纳能力；（2）组织协调能力；（3）诉讼指导能力；（4）庭前预审能力。[②]

综合前述分析研究，不妨将庭审的实际操作能力归纳为以下几个能力：

（一）指挥控制能力

所谓指挥控制能力，是指法官在庭审中，依据程序法的相关规定，指挥、控制庭审节奏，确保当事人和其他诉讼参加人围绕案件正确行使诉讼权利，履行诉讼义务，维护庭审活动有序、公正和有效率地进行的能力。包括推动庭审、调度人员、控制节奏、创设条件、保障庭审等方面的能力素养。

---

① 参见张启楣主编：《法官岗位培训读本》，人民法院出版社2005年版，第207~208页。

② 参见乔宪志、金长荣主编：《法官素养与能力培训读本》，法律出版社2003年版，第94~98页。

（二）诉讼指导能力

所谓诉讼指导能力，意思就是指法官在庭审活动中通过告知诉讼权利、释明、指示、引导等方式使控辩双方紧紧围绕审理的目标和方向，有针对性地举证、质证和辩论，形成有效的对抗和论辩的能力。这是法官庭审驾驭能力的重要组成部分。

（三）综合概括能力

所谓综合概括能力，是指法官在庭审中善于正确归纳争议焦点、引导当事人围绕争议焦点有针对性地举证、质证和辩论，以查明案件事实、辨明责任的能力。其中，综合能力是法官在法律思维中把客观对象的各个部分结合成一个有机整体进行考察、认识的技能和本领，而思维的最显著特征就是概括性。

（四）调解疏导能力

所谓调解疏导能力，是指法官在庭审期间有针对性地对当事人的矛盾进行调处、心理疏导，有效消除当事人的对立情绪，化解当事人“心结”的能力。实践表明，调解疏导是司法审判避免矛盾激化升级、处理结果达到法律效果、社会效果、政治效果有机统一的有效方法。

（五）独立裁断能力

它是指法官独立开庭和处断与庭审相关的有关事宜的能力。这就要求法官具有较强的、独立的指控调控能力，能够全面主持法庭调查，核实事实和证据，善于把握法庭辩论和最后陈述，对庭审中出现的有关程序问题能够及时准确地处理，体现司法活动的权威性、协调性、制衡性等特点。

（六）应急处突能力

所谓应急处突能力，是指法官在庭审中对出现的各种突发、意外事件反应敏捷并依法及时作出妥善处置的能力。实践中，由于案情疑难复杂敏感或当事人个体特殊因素等原因，极易导致庭审中出现种种紧急、突发情况，影响庭审的正常进行，这就要求法官具备细致入微的观察能力、敏锐的反应能力、果断的处置能力，依法、合理、及时处断，防止事态扩大和矛盾激化，或排除各种干扰，确保庭审顺利进行。

三、口头表达能力

法官的表达能力包括口头表达能力和书面表达能力两种，庭审中常用的是口头表达能力。庭审活动中，对法官言辞的根本要求是简明、严谨、庄严，要善于使用中立适当的“法言法语”，避免偏激、情绪化的言辞，体现语言的逻辑美、声音美、修辞美、态势美。

•专题三　加强实践锻炼

法律是一种实践理性。庭审驾驭技能与方法的掌握和提高关键靠实践，而且有赖于长期的实践和训练。因此，培养法官庭审能力的主要途径是实践锻炼。各级法院均应当把庭审驾驭能力作为提高法官司法能力的一个重要内容，列入年度培训计划，作为一项重要任务来对待。对于新手法官个体来说，实践中，重点要注意把握以下几方面：

一、学会把庭审流程的每个环节都烂熟于心

一个完整的庭审流程包括核实身份、告知诉讼权利、法庭调查、法庭辩论、被告人最后陈述、合议庭评议和宣告判决等阶段，在法庭调查阶段又包含宣读起诉书、法庭讯问、发问、举证、质证等诸多环节，各环节中还有控辩双方讯问、发问、举证、质证以及发言顺序的先后之分。法官首先要学会把握庭审流程的每个阶段、每个阶段中的每个环节、每个环节中可能出现的突发情况以及注意事项，尽可能烂熟于心。

（一）要对核实身份、告知诉讼权利阶段的流程烂熟于心

这一阶段，在书记员宣读法庭纪律之后，法官应当注意把握解除被告人戒具、核实被告人身份、被告人何时被刑事拘留、逮捕、有无收到起诉书、宣布合议庭成员、出庭公诉人、辩护人名单、告知诉讼

权利、询问是否申请回避等事项。除了熟悉这些流程，还要掌握出现相关情况时的处置策略和应对措施，比如，被告人针对法官、检察官提出回避申请的应对措施。

（二）要对法庭调查阶段的流程烂熟于心

这一阶段，由公诉人宣读起诉书、控辩双方讯问和发问、出示和核实有关证据、听取证人证言和鉴定人意见等环节构成，法官的工作重点是及时准确地归纳诉辩主张和争议焦点，引导当事人围绕重点进行陈述、举证和质证。遇到证人出庭作证的案件时，询问证人前，审判人员应首先告知证人要如实地提供证言，故意作伪证或隐匿罪证要追究其刑事责任。对证人的陈述有不清楚或矛盾的地方，应要求证人进一步陈述或说明。在证人提供证言、鉴定人提供鉴定意见的过程中，公诉人、当事人、辩护人、诉讼代理人认为需要询问证人、鉴定人的，在征得审判长同意后，可以向证人、鉴定人发问。询问证人、鉴定人，主要应由公诉人、当事人、辩护人、诉讼代理人进行，但在必要时，审判人员也可以询问证人、鉴定人。诸如此类的环节和流程、注意事项，均应烂熟于心。

（三）要对法庭辩论阶段的流程烂熟于心

这一阶段，由公诉人发表公诉词、被害人或其诉讼代理人发言、被告人自行辩护、辩护人辩护、控辩双方对争论焦点进行辩论等环节构成。法庭辩论的机会是均等的，但并非无序进行。其中，发言的顺序就大有讲究。依笔者体会，如果是一审刑事公诉案件或二审抗诉案件，则应由公诉人、检察员一方先发表公诉词或出庭意见，体现控方“控诉”的性质。如果是一般的二审上诉案件，则由上诉人及其辩护人先发表辩护意见，体现“上诉”的辩护性。在有多名被告人并有辩护人参加诉讼的情况下，应当在被告人自行辩护后，紧接着由该名被告人的辩护人发表辩护意见，尽量使被告人、辩护人的辩解、辩护意见紧凑、连贯。对这些流程，法官事先应当烂熟于心。

（四）要对被告人最后陈述阶段的流程烂熟于心

这一阶段，重点要把握好多被告案件的陈述顺序，以及被告人多次重复自己意见的处置等流程策略。实践中，审判长宣布法庭辩论终结后，应当宣布被告人有最后陈述的权利。实践中，笔者曾经遇到过，有的审判长在连续一整天坐庭，在结束的时候竟忘了宣布被告人有最后陈述的权利，这是非常不妥的，往大了说，就是剥夺了被告人最后陈述的权利，涉嫌程序违法，应当注意避免。从被告人作最后陈述的顺序来说，一般由罪行最重的被告人先作陈述，然后根据罪行轻重程度依次作最后陈述。二审刑事案件中，一般由上诉的被告人先作最后陈述，然后由非上诉的被告人陈述。被告人在最后陈述中多次重复自己的意见的，审判长可以制止；陈述内容蔑视法庭、公诉人，损害他人及社会公共利益，或者与本案无关的，应当制止；在公开审理的案件中，被告人最后陈述的内容涉及国家秘密、个人隐私或者商业秘密的，也应当制止。

（五）要对合议庭评议和宣告判决阶段的流程烂熟于心

这一阶段，重点对宣布合议庭评议之前的庭审小结、宣判前与书记员宣布起立的配合、宣告判决后法槌的敲击等流程要烂熟于心。总之，对各个阶段各个环节的流程只有烂熟于心，才能做到应对自如。

二、学会做情绪的主人：耐心倾听

就其本体来说，法官首先来自自然生活，是个自然人，是有血有肉的人。人作为一种自然存在的生物，自然有着最基本的自然本性。在庄严的法庭和黑色的法袍背后，每一位法官其实都有着生动的脸孔。其生活经历、家庭氛围、教育背景等对于法官审理案件而言，无不具有这样或者那样的关系。法官的人格构成，也和自然人的人格构成一样，是由有意识的上层人格和无意识的深层人格合并构成。特别是，法官的深层人格也和一般人的深层人格一样，充满着各种冲动或本能。因此，法官应该随时随地自觉地意识到自己也和常人一样，受到自身无意识的深层人格影响，也就是说，受到自身先天的生物属性的影响，这种影响既可能导致自己的行为向善有利于人群社会，也可能导致自己的行为向恶危害于人群社会。明白了这个道理，则可以知道法官的心理自控是特别重要的。

而情绪是对客观现实的一种特殊的反映形式，是法官对于客观事物是否符合自己需要的主观态度和内心体验。法官在审判活动中接触不同的案件，审理活动取得不同的裁判结果都会产生相应的情绪，这种情绪对整个裁判工作起到一定的影响，有时会促进裁判，有时可能阻碍裁判工作。现代心理学有用“情商”来衡量情绪，并指出情商对认知及行为有着重要影响，法官要善于做“情绪的主人”。简单来说，情商包含以下几方面的内容：（1）了解自己的情绪；（2）了解他人的情绪；（3）调节自己情绪；（4）调节他人情绪；（5）控制自己情绪。

实践中，法官要想做情绪的主人，必须要有爱心和耐心，掌握倾听的技巧方法、养成倾听的习惯。特别是在庭审、调解过程中，法官必须花一些时间倾听当事人的倾诉，让当事人把话说完，了解当事人的心理活动，帮助当事人调整好心态。从实践的情况来看，很多当事人的心态是需要调整的，有些当事人对诉讼很执着，他们认为只有胜诉，他们将来的生活才有出路。有些当事人抱着不胜诉决不罢休的心态，不管是否能胜诉，都要把官司打到底。诉讼成了他最终的事业和追求。面对这样的当事人，法官首先要做的就是帮助他们调整好心态，正确对待诉讼。法律是有原则的，法律最终的结果也是无情的，但司法是有温度的。这方面，宋鱼水法官的经验做法为我们树立了学习的榜样。在宋鱼水这位充满爱心的法官手中，刚性的法律有了温度，抚慰着每一位在复杂矛盾中遭受伤害的当事人。据报道，宋鱼水法官开庭时时常面带微笑，自然而温和，即使审案时也这样，让当事人把话讲完。有一次开庭，当事人是位老作家，在法庭上语言优美但抓不住争议的焦点，反复十来遍就同一问题进行论述。宋鱼水法官始终神情专注，轻轻点头，面带微笑，目光一直没有离开发言的老作家。老作家最后感慨地说："你是第一个完完整整听完我讲话的人，你对我尊重，我信任您，我尊重法庭的意见。"正是因为保持耐心、尊重，以真心倾听等方式给当事人一个温暖的诉讼环境，宋鱼水法官主持的法庭在很多当事人心中成了"温暖的归宿"。相反，在开庭、接待过程中，遇到有的当事人纠缠不清或无休止地唠叨总想在法庭上倾倒内心全部的"苦水"或"冤情"时，作为法官在处置过程中如果缺乏"换位思考"，没有做到尽最大努力耐心倾听，存在方法简单、语气生硬、不讲策略地加以制止等情况，就会逐步疏远群众，还有可能伤害群众感情。

实践证明，审判工作缺乏耐心的倾听、良好的沟通、有效的说服、细致的化解，等于对群众的疾苦和诉求缺乏有效的回应和解决，到头来势必影响案件的处理效果。

法官在庭审中或与当事人沟通时，不但要“听”，而且要解决如何“听”，提高“听讼”的能力。在司法实践中，通常有以下几种倾听方式：

1. 面对当事人，面部表情要严肃，一些情况下也可面带微笑，以示善意。

2. 目视当事人，以示重视，在听的时候观察当事人的神态。

3. 用眼神交流，表达你认真听、听明白了。

4. 尽量不作表态，如习惯性地点头或摇头都要避免。

5. 不打断当事人一句完整的陈述，不抢话发表意见，如需制止或表达某些观点也尽量在其一句话表达结束后。

6. 某些情况下，可以边翻阅材料边倾听，甚至通过发问的方式，回应当事人的陈述。

7. 倾听时，减少肢体语言，尤其一些细节的不良习惯，如晃腿、用手指敲击桌面、用手拂面等。

8. 不可有不耐烦的表情和语言。①

---

① 参见马军：《法官的思维与技能》，法律出版社2007年版，第177~178页。

三、学会在法庭上怎样说：善于表达

司法实践中，组织庭审、归纳焦点、质证认证、查清事实、分清责任、说明理由、依法下判，都是法官综合素质和司法能力的集中展示，也是法官语言能力的应用过程、法官风采的展示过程。这也就需要法官具有较强的庭审语言表达能力，学会在法庭上怎样说。可以说，语言表达能力是庭审艺术、技巧的一项最基本的内容。依笔者体会，在庭审中重点需要把握以下几条：

（一）注重表达的规范化

法官要善于运用规范的庭审语言，不断提高语言表达的准确性、及时性。[①] 关于表达的规范化问题，在本书庭审语言部分已有充分阐述，在此不予重复。法官平时应注意养成使用口头表达规范化的习惯，在庭审时注重使用法言法语。

（二）注意表达的准确性

准确，是法官使用言辞的生命。法官说什么固然重要，而更重要的是要精准表达，让别人听见你说了什么、听懂你说了什么更重要。法官使用的言辞不准确，不仅有损人民法院的威信，而且会直接影响人民法院审判案件的质量和效率。例如，有一位法官在法庭上概括说："被告人王某某在大桥底下的高粱地里，将女青年张某某予以强奸。"被告人王某某当庭提出辩解："我没有在大桥底下的高粱地里强奸她。大桥底下是水，根本没有高粱地。"而实际上，被告人王某某是在大桥

① 参见乔宪志、金长荣主编：《法官素养与能力培训读本》，法律出版社2003年版，第10~11页。

南侧河套的高粱地里将张某某强奸的。由于法官的表达不准确，结果闹了笑话。又如，有个法官在法庭上说：“被告人某某家有妻子四人。”被告人则在法庭上辩解道：“我没有四个老婆。”这样的表达也闹了笑话，有损司法的严肃性。

（三）注意表达的严谨性

法官扮演的是中立的、客观的、相对超脱的、消极的裁判者角色，在庭审中应当注意表达的严谨性，言之有物、言之有理、言之有序，不能将自己的观点强加于人，不得用带有倾向性的语言进行提问，不得与当事人及其他诉讼参加人辩论、争吵，更不能简单武断地对案件作出裁判。

四、学会发扬民主风格：当事人权利的充分保障和合议庭成员的相互配合

司法的民主性首先体现在当事人权利的充分保障上，公平对待每一个当事人，充分尊重当事人的尊严与权利。司法实践中，有的法官不能给自己的角色正确定位，在庭审中除了当裁判员之外，还身兼教练员和运动员两职。所谓教练员的身份，就是不停地教训当事人，训完原告训被告。所谓运动员的身份，是指公开地站在一方当事人立场上为另一方说话，不让另一方陈词。这种种现象不仅无助于法律的尊严，恰恰相反，会给人民法院的形象造成不良影响。正确的做法是，法官应当发扬和保持一种民主的风格。比如，不失时机地对偏离主题的引导，不断征求控辩双方或代理人意见的诚挚态度，审判节奏的

掌握，面目表情的友善，语调的控制等，都体现了审判活动中的民主作风。

司法的民主性还集中体现在合议制和集体决策上。合议制度是法院根据法律规定以合议庭为组织审理各类案件的最基本的审判制度。支撑合议制运作的科学原理正是心理学上的集体决策机制，集体决策是合议制的核心和灵魂。我国法律设置合议制的初衷就在于通过集体决策这一形式充分发扬司法民主、集思广益、形成监督，增强裁判结论的正确性、合法性和可接受性，保证案件得以公平、公正地解决。[①]合议制度在实现诉讼民主化、抑制司法专横、防止司法腐败、促进司法判决的公正合理和公民才智的发展方面发挥着积极作用。庭审中，合议庭成员应当注重相互配合、共同决策。尤其是主持庭审的审判长对庭审程序的推进上，比如是否需要补充发问，法庭调查是否结束，法庭辩论是否充分等重要节点上，要注意征求合议庭成员的意见，在庭审中可以点头示意等方式达成默契，相互配合庭审的有效完成。

总之，法官要努力让人民群众在每一个司法案件中切实感受到庭审经过法庭调查、法庭辩论等环节，法官思路清晰、公正公平，语言举止严谨规范，整个庭审节奏把握得当，过程流畅紧凑，体现文明、快捷、高效的审判理念和审判作风，显示法官过硬的业务水平及庭审驾驭能力。

---

① 参见胡常龙、吴卫军：《走向理性化的合议庭制度——合议庭制度改革之思考》，载尹忠显主编：《合议制问题研究》，法律出版社 2002 年版，第 30 页。

专题四　加强培训观摩：做好司法的“传帮带”

司法实践与庭审判案作为学问既是科学，更是律师和法官的艺术。任何一门艺术中只有很少一部分是可以从书本上得到的，无论是绘画、写作还是法律实践。一门艺术最好的教育方式通常是在这门艺术实践中有着很高技巧的人的指导下，进行学徒式的训练。其实，“学徒式”方法是最早的法律教育模式之一，发端于罗马，在美国等国家和地区法学教育中被采用过。依笔者的实践体会，我国司法实践中其实也是以“学徒式”的形式，抓司法的“传帮带”，使得一代又一代的青年法律人走上法官的工作岗位，并逐渐成长为审判业务专家。就庭审能力的培养而言，主要有以下四种途径。

一、跟庭记录：书记员、法官助理的必修课

所谓跟庭记录，是指青年法律人以担任书记员、法官助理等形式为法庭作记录，并跟着法官学开庭。这里可分为两种情况：一种情况是刚参加工作的法科毕业生在没有入额成为法官之前，利用书记员、法官助理的身份，做好法庭记录的同时，边跟庭记录，边学习法官怎样开庭，通过近距离观察学习庭审驾驭技能和方法，为今后走上法官岗位先积累经验；另一种情况是那些已经入额的年轻人，虽然已经取得了法官资格，但也可以担任资深法官的法官助理等方式，参加一些

重点、难案的审理记录，向资深法官学习怎样驾驭庭审。无论采用哪一种形式，这种近距离的跟庭观察、学习，对于年轻同志提高庭审能力、积累庭审经验，意义都非常重大，应当作为庭审能力培养的必修课。

二、合议庭成员参与庭审

合议制主要表现在，案件由三人或三人以上的合议庭成员通过集体审理、评议讨论、表决，然后以集体的名义作出裁判。对于年轻法官来说，参与庭审是向资深法官学习、提高自身庭审驾驭能力的绝好机会。一方面，坐在审判席上，身临其境，可以模拟审判长的角色对庭审的推进、庭审突发情况的处置进行推演，直接在现场学习、观摩，或为审判长处置相关情形直接提供建议参考；另一方面，作为合议庭成员也直接参加庭审活动的推进，按分工直接承担法庭讯问等部分工作，参与相关情形的处置。事后，年轻法官还可以跟资深法官以复盘推演的形式进行总结、请教、探讨，请资深法官进行释疑解惑。每次开庭之后都经过一番总结、探讨和请教，并长期坚持下去，相信年轻法官的庭审驾驭能力会有大幅度的提高。

三、院庭长开示范庭、观摩庭

司法实践中，院庭长开示范庭、观摩庭是培养年轻法官庭审能力的主要途径。院庭长基本上来自资深且优秀的法官，具有娴熟的审判经验和扎实的理论水平，通过院庭长带头开示范庭，组织年轻法官观摩示范庭，通过观摩活动，有利于强化年轻法官对庭审着装、庭审规范、开庭准时、文明用语等环节的认识，还可以从开庭准备、开庭管理、法庭调查、法庭辩论、法庭调解、庭审驾驭等进行现场点评，有利于全面提高年轻法官在庭前证据交换、驾驭庭审、争议焦点归纳、实质合议、司法裁判文书说理和法律适用等实战能力。实践证明，示范庭、观摩庭活动的开展，充分发挥了院庭长示范引领和“传帮带”作用，为年轻法官快速成长搭建了学习交流的平台，有利于促进年轻法官庭审驾驭能力和司法业务水平的整体提升。

四、观看庭审录像

实践中，观看庭审录像是年轻法官学习庭审驾驭能力的重要途径。观看庭审录像这种形式的好处是可以反复观看、来回研究庭审的细节并进行复盘推演，相互之间还可以进行较为充分的探讨。需要指出的是，根据新手——熟手——专家的研究范式，法官的职业发展，要经历一个从新手到熟手、再到专家的长期过程。在这一职业发展生涯中，审判技能专长作为顺利完成审判业务的能力，处于法官职业发展的核心地位，既包括法官为了完成审判工作目标所掌握的审判策略与裁判方法的“外显知识”，又包括一些“内隐知识”。其中，“外显知识”可以通过观察或录像来分析，如观看庭审录像、查阅卷宗等；而“内隐知识”是指法官潜移默化的审判技能，如了解和把握当事人心理的能力、案件事实建构和裁判法条发现的能力、突发事件的处置能力等，往往表现为法官对审判活动的计划、监控、控制、评判、应变、决断等综合能力，内隐知识更多地依赖于法官自身长期的实践感悟。

总之，要想成为一个精通审判业务、善于驾驭庭审的专家型法官，需要一个学习、成长的过程。有的需要几年，有的需要十几年，有的需要几十年，甚至更久。作为一名法官，只有坚持不懈地强化专业训练，习得各种庭审驾驭技能，不断提高专业素养和业务水平，才能实现自我提升。

【延伸阅读】

青年法官的成长规律与庭审技能的养成①

从职业生涯发展的角度来讨论和认识法官职业，其实是从发展的连续性和可持续性去考察法官成长的内在规律和特殊性，这样有助于确立一种新的法官成长观、推动法官职业化建设，实现司法公正。本文拟借助职业心理学的分析框架，对青年法官的职业发展及其成长规律与庭审技能的培养作粗浅探究，以期对法官个体的成长和管理引导有所裨益。

一、法官职业发展的核心：审判专长

在工作压力和办案风险日渐增大的情况下，无论是法官队伍建设，还是司法公信力的提升，均应当着眼于司法能力水平的提高和法官心

---

① 整理自陈增宝：《青年法官的成长规律探究——以职业心理学为视角的考察》，载《浙江法治评论》2014 年第 3 卷。

理健康的有效维护。在法官成长道路上，审判专长作为胜任完成审判业务的能力，应当摆在法官职业发展的核心地位。所谓“专”是指某一领域的人从长期实践中摸索总结出来的专门本领。作为一种解决实际问题的专门本领，必然有它的过人之处，令门外汉望尘莫及，这就是“长”。总的来讲，审判专长是专家法官在审判领域所拥有的不同于普通法官的思考和解决问题案件的能力，以及所表现出来的优秀职业素养和专业行为。审判专长既是一种有效办理案件、解决实际问题的能力，也是审判领域特有的专业行为能力。既包括“外显知识”，又有“内隐知识”。“外显知识”可以通过观察或录像来分析，如通过观看法官主持庭审的录像、查阅其所办案件的卷宗等来考察；而“内隐知识”是法官所掌握的潜移默化的审判技能，广泛存在于当事人心理的把握、案件裁判的事实建构与法律发现诸环节，司法前见、图式加工、经验参与、结果导向等都是对司法中隐性知识的具体表述，往往表现法官对审判活动的计划、监控、控制、评判、应变、决断等综合能力。

从心理学角度看，法官职业生涯发展是法官一生的内在追求，其目标是法官自身达到职业成熟。追求职业成熟的过程就是法官个人职业社会化的经验累积过程，是法官个体掌握职业知识、内化职业信仰、认同职业规范、形成职业专长的过程。根据新手——熟手——专家的一般职业研究范式，青年法官的职业发展，也必然要经历一个从新手到熟手、再到专家的过程。对法官职业发展过程中的新手阶段、熟手阶段、专家阶段在审判策略、人格、工作动机、职业心理等方面的差异进行理论探索，不仅可以帮助法官缩短从新手到专家的成长历程，而且可以帮助专家型法官通过合作共享将审判经验传授给新手和熟手，促进法官的经验累积和司法能力的整体提升。

二、职业发展的起点：新手型法官

新手型法官，一般指参加审判工作时间不长的新法官。主要为一些刚从法学院校毕业的年轻大学生。一般而言，这个法官群体具有以下几个心理学特点：一是年纪较轻，社会经验相对不足，在化解法律纠纷、解决实际问题以及庭审驾驭的能力上相对要弱一些。二是单身为主，事业上尚缺乏家庭和伴侣的支持，身边可以听其倾诉并提供情感支持的人不多，法官个人心理支持网络不够健全。三是工作收入相对较低，又面临结婚生子、买房成家等迫切需求，相当多的青年法官有着沉重的经济压力。四是在工作动机上，更加注重周围人对自己的评价，在成就目标上以成绩目标为主，更关心的是能否向他人证明自己的能力。这是一个“关注生存”的阶段。他们非常关注自己的生存适应性，时刻关心着这样的问题：当事人、同事怎么看我？领导是否觉得我干得不错？

在新手这个阶段，青年法官承担的审判任务并不比熟手或者专家型法官轻，因此，不少法官会感到心理压力比较大。他们之中，可能形成以下三种心态：一是狂热投入型。该类法官往往刚开始能够狂热地投入工作，但随着时间推移，最初的那份工作热情、干劲很有可能逐渐退去，时常伴有厌烦、低落、沮丧、抱怨等不良情绪反应。二是不安现状型。此类法官可能会感到法治理想与现实相差太远，自身也无法给法治带来多大的变化，工作辛苦且待遇低，自我价值感不高，因而考虑是否“跳槽”，如想辞职干律师、下海经商等。三是精疲力竭型。据调查，80% 以上的法官遇到过当事人的缠诉以及自杀、暴力相威胁，90%以上的法官曾被当事人谩骂，95%以上的法官存在长期的担忧、焦虑或恐慌心理现状。相比之下，新手法官的心理压力会更大，须经受高度的精神疲劳和紧张。

新手型法官虽然与熟手型法官、专家型法官相比，存在社会经验相对不足、工作能力有待提高等缺点，但也有着自身的优势：一是年纪轻思维活跃，对审判事业更充满热情和憧憬，更有激情，更有朝气活力。此类法官往往具有热情、外向、朝气蓬勃等人格特征。二是受过系统的法学专业训练，具有更深厚的法学理论功底。三是对新知识的接受能力比较强。特别是信息网络时代，年轻法官对跨学科知识的学习更及时、掌握更深，更能适应社会发展的变化。

新手型法官面临的主要任务是尽快适应法官角色的需要，熟练掌握庭审驾驭等审判操作技能。这个阶段是法官职业发展的起点。新手型法官的健康发展，有赖于及时的自我心理调节与有效的外部支持两方面。就自我心理调节而言，一是要保持“学习”的心态，不断提高自身专业素质，做到“勤学习、多实践、善反思”；二是要注重保持“平衡”的心态，及时调整好自己的心态，以平和、阳光的心态做好审判工作；三是保持“合作”的心态，在处理复杂疑难案件时善于发挥合议庭、审判委员会集体决策优势。就外部支持而言，法院管理层要注重营造良好的工作氛围、和谐的人际关系和良好的法治环境，完善法官奖惩和激励机制，通过开设法官讲坛，开示范庭、庭审观摩、学徒制“传、帮、带”等多种形式，引导和激发新手型法官钻研审判业务、主动应对办案压力的强烈动机，促进新手型法官的心理成长。[1]

三、职业发展的关键点：熟手型法官

实践证明，有些法官随着年龄的增长和实践经验的积累，审判业务专长有所提高，但这些人一直到退休，也很难被同行认同为“专家”。这种成长停滞于“中间阶段”的法官职业群体，可称之为熟手型法官。具体而言，熟手型法官又可分为两类：一类是“任务”熟手型法官。这类法官从事审判工作若干年，对庭审驾驭等审判实务技能已经熟练掌握，家庭也趋于稳定，自我满足感比较强，从心理上渐渐步入稳定发展期，且发展态势良好，能够逐步朝专家型法官方向发展。另一类是“问题”熟手型法官。此类法官经历了职业单调、重复、封闭、孤独、繁杂、责任大、负荷重、薪水低等心理压力，在“案多人少”、超负荷运转的情况下，最容易出现职业“高原期”，产生职业倦怠等心理问题，成为“问题法官”。

一般而言，熟手型法官具有以下几个心理特点：一是从审判业务专长上来说，属于“比上不足、比下有余”，是一个“熟练者”。他们能够熟练掌握庭审驾驭等审判技能，但对复杂疑难案件的分析判断与处置不如专家型法官。二是在心理健康方面，比新手型法官和专家型法官更容易产生苦恼、烦闷、抑郁、无助、疲倦、焦虑等消极情绪。三是在工作动机方面，比新手型法官更加关注审判活动本身维护社会公平正义的意义和价值，更加关注群众的理解与感受。但与专家型法官相比，熟手型法官实现司法公正、积极投身国家法治事业的内部动

---

① 参见陈增宝:《新手法官成长的内外支撑》，载《人民法院报》2013年12月17日。

机还不够强烈和稳固，法官角色信念有时还容易受外界干扰、产生动摇，从审判活动中获得的成就感尚没有达到法官的至高境界。四是在人格特征方面，熟手型法官具有冷静、理智、关心他人、宽容等特点，对人民群众有较深的感情，能够带着感情做事，但在情绪稳定性和自我调节能力上不如专家型法官。

熟手型法官是法官职业发展的关键点。有些熟手型法官在稳定发展期内，逐渐积累必要的知识和经验，其审判专长在熟练的水平上得到新的提升，顺利成为专家型法官。有一些熟手型法官解决了新手型法官时期无力胜任审判工作的问题，解决了经济问题，事业、家庭等各方面都步入稳定期，但在长期单调乏味、周而复始、没有创新、没有激情的生活中丢失了年轻时的理想，或在获得一定的社会认同之后产生自满，贪图方便，不求上进，不注重更新法学理论知识，在年龄增大的同时，感觉工作越来越难做，最终无法超越自己，直至退休还停滞在熟手型法官这一阶段，无法成为专家型法官。有一些熟手型法官因为主观或客观原因而陷入职业倦怠，或心态失衡，误入歧途。

面对社会和环境的压力，熟手型法官首先要学会自我心理调节，正确地认识职业“高原现象”，进行有效的自我调控、自我减压，缓解不良情绪。此外，针对职业“高原期”和“职业倦怠”现象，法院人事管理部门也应积极构建法官健康成长的激励机制，优化司法环境，改进法官工作设计，为法官可持续发展提供支持性体制和机制环境，同时法院自身要多与社会对话沟通，提高司法透明度，争取社会公众对法官职业的理解和支持。[①]

四、职业发展的目标：专家型法官

无论在哪一个领域，被冠以“专家”的美誉都意味着莫大的荣耀。近年来，全国检察、法院系统都开展了业务专家评选活动。但评比过程中，可能存在的疑问是，怎样的检察官、法官才有资格被评为专家，其间如何设定一个相对客观的标准？毫无疑问，“专家”应该属于行业中的那些出类拔萃者，须有一定的标准。比如，在国际象棋中，我们可以从棋手的获胜几率和实力等级来划分什么是专家，大家都认同这种客观的标准。而在社会科学领域，要找到这样的客观标准实属不易。特别是司法实践领域，有的虽然理论水平比较高，但办案水平却不一定高，有的办案能力不错，而理论功底却不怎么样。依笔者浅见，审判业务专家的评定，需要借鉴专家心理学的有关知识综合加以考虑。

在心理学研究中，“专家”和“专长”有着紧密的联系。“专家”具有三方面不同于“新手”的基本特征：一是专业知识的掌握和运用上，专家运用知识比新手更有效；二是问题解决效率上，专家能在较短的时间内完成更多的工作；三是洞察力上，专家比新手有更大的可能找到新颖和适当的解决问题的方法。

美国心理学家奇·格拉泽和法尔（Chi，Glaser，& Farr，1980）曾列举了7个“专家工作的关键特征”：（1）专家主要在其所从事的领域内表现出色；（2）专家能够在其所从事的领域内知觉大量有意义的模型；（3）专家的反应敏捷，能更快地操作该领域的技能，更快更好

① 参见陈增宝：《熟手法官职业倦怠的有效预防》，载《人民法院报》2014年1月18日。

地解决问题；（4）专家表现出非凡的短时记忆和长时记忆能力；（5）在专业领域内洞察和表征问题时，专家处在比新手更高的（更具原则性的）水平上，而新手的问题表征往往停留在表面水平上；（6）专家把更多的时间用于分析问题的质的方面；（7）专家具有高度的自控能力。[①]

根据前述分析，审判业务专家应当指具有“审判专长”的法官，具备一般法官无法比拟的、在某个领域的专长，在完成审判任务时，会表现出远远超越一般法官的特殊优势。结合心理学总结出来的关于专家的几个关键特征，专家型法官应当具有以下几个特征：一是有丰富的审判业务知识，并能有效运用。二是能够高效率地解决审判领域的问题。三是善于创造性地解决司法难题，有很强的司法洞察力。四是善于运用先前案例解决手头案件。美国心理学家约翰·安德逊认为，一个领域的专家和新手在智力上并无多大差别，但专家之所以是专家，就在于专家在遇到一个新问题时，能通过类比推理将过去成功的经验最大限度地转移为解决新问题的知识，也就是迅速将它与一个过去熟悉的“相似块”联系起来，作出判断和推理。[②]在审判实践中同样如此。类比推理的模式与案例指导的过程最为契合。一个初来乍到的年轻法官审理他平生第一件案件时，他的直接反应是：关于本案，法律有没有明文规定，即法律规范中有没有可以直接适用的法律条文；而对于一名资深法官而言，在审理一起与他过去审理过的案件相同或者

① 参见连榕编：《教师职业生涯发展》，中国轻工业出版社2008年版，第133页。

② 罗荻：《关于类比推理》，载《思维科学》1986年第4期。

类似的案件时，他最先会自觉不自觉地运用他积累的审判经验——即运用以前的案例来进行参考、借鉴，然后再寻求相应的法律条文来检验和论证其推测结论的正当性和合法性。案例指导就是一个反复说理、充分对比的过程。五是具有强烈且稳定的内在工作动机。表现为对法律的信仰和法治事业的由衷热爱，带着感情工作、把审判当作事业来追求，用实现司法公正来体现人生的价值。六是有鲜明的情绪稳定性、善思的性格和谦虚谨慎、自信等人格特征，能够较好地控制和调节自己的情绪，善于驾驭处理庭审等审判领域出现的各种复杂问题。七是在职业心理上真正热爱审判事业，责任感、使命感更强。[①]

专家型法官不仅是个人的财富与荣耀，而且可以与人共享。审判实践中，要注重通过专家型法官与熟手型法官的合作，采用“学徒制”“传、帮、带”，组织审判研究会、司法论坛等形式，将其积累的宝贵经验传承下去。要想成为一个专家型法官，有的需要几年，有的需要十几年，有的需要几十年，甚至更久。作为青年法官，须不断地通过专业训练和经验积累，习得审判专业技能，提高职业道德和自身素养，才能实现自我提升和有效发展。

① 参见陈增宝：《浅谈司法领域的“专家”标准》，载《人民法院报》2013年7月19日。

后 记

分享比创作本身更重要。为法官同行编写一套“法官如何办案”的系列教材或指导用书，一直是我的梦想。在编辑老师的启发下，我深感数据库和法律智能产品的应用推广，降低了传统法律图书的使用价值，迫使新的图书策划从选题方向和内容上需要开辟新路，以适应时代的发展要求。

虽然电子产品承载着海量的知识信息，并能够极速化关联查找，但对“隐性”知识却无从着手。而审判实务工作是凝结了法官智慧与经验的产物，包含了大量需要转化和传承的“隐性”知识。编写一套以实务经验、办案智慧为主题的“法官办案经验与技能丛书”，围绕法官的审判经验、技巧、技能以及在具体办案过程中总结的实践经验和感悟，通过具有较强可读性的漫谈式、心得交流式写法，将审判经验固定化、体系化，既能够从内容上填补研究空白，满足新任法官、法官助理和需要不断提高审判技能的已任职法官的“传、帮、带”的需求，弥补其经验上的不足，快速提高司法能力和水平，又能与以往脱离不开长篇学术理论或简单案例资料整理或法律规范汇编的传统题材区分开来，作为实务类法律读物发展方向的一次新尝试，意义十分重大。同时，此类“讲述式”的研究成果对于从事实务工作的律师、检察官等办案人员和法律界同行提升实务技能、改进方法也具有一定的参考价值。

本书与《法官如何阅卷：案卷材料的阅读技能与审查方法》《法官如何讨论：案件的汇报技能与讨论方法》均属于“法官办案经验与技能丛书”，其延续同样的写作思路和方法，写写停停、同步展开，历经数年而成。本书选择以《法官如何庭审：庭审的驾驭技能与处置方法》为题，结合作者二十六年的审判实践，对庭审工作中积累的经验与方法进行了全面、系统、深入梳理，从庭审的品性与构成、庭审的功能与价值、庭审的结构与原则、庭审的准备与预案、庭审的技巧与方法、庭审的礼仪与语言、庭审能力的培养等方面对庭审的原理和方法进行了基础理论建构，同时对涉外引渡司法审查等特殊案件的庭审要领进行了总结提炼，运用典型示范、案例讲述等方式，深入分析在庭审突发情况处置等方面经验的功能和作用，剖析司法实践中一些常用、误用、误解、理念更新、理解不准的事项，提出需要注意把握的原则和条件等经验法则应用的有效改进措施。

“法官办案经验与技能丛书”的特色在于将作者多年在办案过程中的亲身感悟及经验总结进行全面阐述，将具有典型性和指导意义的经验、规则进行科学分类排列，将看似零乱的具有一定个性化的主题和片段进行系统整理、串联，同时配合一些精品案例、典型范例的分析，或以配套［延伸阅读］等形式，同步阐释与庭审运行有关的法律心理学原理，融入庭审工作心得体会，进行针对性强的辅导式、分享式编写，兼具可读性、知识性、实用性等特点。

特别需要说明的是，本书以配套［延伸阅读］的形式，整理穿插了若干篇有关法律心理学主题的讨论，从认知视野中的司法公正及其庭审实现，司法裁判中的逻辑、经验、情感因素及其庭审调控，青年法官职业成长规律等方面，为读者理解和把握庭审原理与方法提供更为全面、深入的学理阐释。在编写过程中，为不影响本书的整体性，以主题讨论的形式加以呈现。对［延伸阅读］部分，读者可在阅读过程中根据需要采用“浏览”“跳读”或精读等方式进行。

平时工作很忙。只有在做好工作的前提下，才有可能挤出时间，用于看书和写作。但我依然习惯并喜欢把读书和写作当作自己的生活方式，而且希望能够一直坚持下去。本书稿是在无数个夜晚、周末，利用点滴的业余时间，历经数年不断积累的结果，自然凝聚着点点滴滴、长期汇集而成的心血和汗水。虽然从事审判实践有二十六个年头，但我深感司法理论的博大精深，对实践中的学问一直心存敬畏。文稿既成，疏误亦见。说自己粗浅，不是谦虚，而是事实！本书中的不当、疏漏之处难免，敬请批评指正。

能够将自己多年来积累的所思、所想、所得、所悟转化成一本书来出版，更是得益于各位领导、师长、同学、朋友和家人的关心、鼓励、指导和帮助！在此，要特别感谢人民法院出版社，以及出版社的各位领导和编辑王婷、李瑞老师！

陈增宝

二〇二〇年十二月初稿于杭州

二〇二二年九月二稿于杭州

二〇二三年八月改定于杭州